Millé-Claude Mrandjo

AFRIQUE, DEMOCRATIE TRAHIE

Emergence de la politique africaine contemporaine
pour une Afrique souveraine

Préface :
Ministre AHOUA DONMELLO

Du même auteur

-*Des peines et des joies de l'engagement politique, Mary bro Fondation, Londres 2017.*

-*Confluente destinée, livre électronique publié en ligne, Avril 2020.*

© Les Éditions TIG, 2020
ISBN : 978-9956-9994-5-3

DEDICACE

A Laurent Gbagbo, l'homme qui a brisé les chaines des geôles de la mort à la CPI afin que la mort de tous ces africains tombés sur le champ d'honneur pour l'Afrique, ne soit pas vaine.

Editions TIG

Tafam International Group Co LTD

BP 152 Bangangté

Téléphone: 00237 693 553 904

E-mail : tig.editions@gmail.com

Préface

La démocratie est une conquête permanente de l'individu sur lui-même et de la société sur elle-même. C'est « la pire des systèmes à l'exclusion de tous les autres » Son intérêt réside dans le développement individuel et collectif. Dès lors qu'un système dit démocratique est incapable d'assurer le développement individuel et collectif, il est à changer. Le livre de Millé Claude illustre bien les limites et les contradictions du processus démocratique aussi bien dans les pays dits démocratiques que ceux qui sont sur la voie.

Selon l'auteur, les pays occidentaux expriment bien cette contradiction à travers une forme de démocratie en interne avec ses limites et une « criminocratie » sur la scène internationale. La dynamique démocratique évolue sur le continent Africain à la carte avec de grandes satisfactions comme l'Afrique du Sud, le Botswana, le Ghana etc… mais aussi avec de grandes déceptions. Cela conduit l'auteur à conclure à un besoin d'africanisation de la démocratie qu'il baptise « l'Afrocratie ».

Ce livre et le ton sarcastique qui l'accompagne traduit la colère contre les crimes « démocratiques » des pays occidentaux sur le continent et un éveil des consciences remettant en cause les accords secrets signés après les indépendances entre l'Afrique et l'occident, notamment entre la France et ses anciennes colonies. La question légitime que se pose l'auteur est de savoir si la démocratie en Afrique est faite pour conduire les Africains à la morgue.

Et l'auteur de poursuivre en pointant du doigt les rapports incestueux entre l'Afrique et l'occident :

« Car pour eux, le vainqueur d'une élection en Afrique est toujours leur pion. Il est déclaré démocrate et gagnant quels que soient les résultats des urnes et les massacres qu'il commet »

Pour Claude Mille la solution réside dans :

« L'Afrocratie de ce pas apparait comme une solution idéale commune. Elle consistera à mettre en place un système politique circulaire, qui brisera les barrières entre le politique et les frontières communautaires, dans l'optique de créer un état-nation, qui donnera la chance à tous. »

Faire circuler le pouvoir entre diverses communautés, pour l'auteur, une telle solution lui paraît viable. Le débat est ainsi lancé.

La quête de la stabilité politique dans un processus de transition du multipartisme vers la démocratie présente certainement beaucoup de défauts et l'inventivité africaine peut être appelée à la rescousse pour fortifier les institutions démocratiques. Claude Mille propose son point de vue au débat pour permettre à l'Afrique de créer les bases de son fédéralisme dans le contexte de la covid19 qui met à rude épreuve les modèles occidentaux et la mondialisation.

Ahoua DON MELLO

Avant-Propos

Le présent ouvrage intitulé « **AFRIQUE : DEMOCRATIE TRAHIE**» met en exergue les enjeux de la politique africaine contemporaine aux dynamiques internationales avec un accent particulier sur les processus démocratiques hérités du paternalisme néocolonial et s'interroge sur l'influence de ce processus de démocratisation au regard des systèmes controversés qui caractérisent l'échec des pouvoirs politico-économiques actuels. Cela est d'autant plus criard à telle enseigne qu'en Afrique, quand vous demandez à quelqu'un si « *la démocratie existe* », il vous répondra automatiquement par la négative. Et partout, ce triste constat est inhérent à tous les pays du continent. Les lecteurs de ce livre pourront faire l'expérience en questionnant quelques personnes dans leur entourage. Les processus démocratiques importés des pays occidentaux et adoptés aux forceps par les africains sont en pleine désagrégation poussée et montrent leurs limites, même dans les plus grandes démocraties du monde.

En effet, l'élection démocratique de Donald Trump aux USA, la plus grande démocratie au monde a été contestée par plusieurs manifestations et mouvements populaires. Si on part du fait que la démocratie selon Abraham Lincoln est l'expression des aspirations communes d'un peuple, c'est-à-dire le gouvernement du peuple par le peuple et pour le peuple, dans ce cas, la démocratie à l'américaine pose un problème. En effet, le président de la République aux USA est élu par les grands électeurs au suffrage indirect et non pas par le peuple. C'est l'ensemble des grands électeurs représentants du peuple américain, qui sont chargés d'élire le président et le vice-président des États-Unis, quand on pense que ces électeurs souvent plus nombreux dans certains états ne votent qu'un seul représentant. Dans ce cas, s'il y a plusieurs petits états qui présentent plusieurs grands électeurs, alors il est très clair que ces grands électeurs ne représentent pas véritablement l'aspiration collective fondée sur des principes démocratiques. Il est donc indéniable que l'assentiment populaire est fondamentalement de mise dans une démocratie de type purement américain. Le manque d'assise populaire de Trump, engendré par une légitimité indirecte est la résultante de ces mouvements de contestations et tentatives « *d'impushment* » tout azimut aux USA.

Parallèlement, la situation délicate de la France, le pays dit des droits de l'homme, de la liberté, de l'égalité et de la fraternité est encore plus alarmante, surtout depuis la naissance spontanée le 18 Octobre 2018 du mouvement social de contestation des gilets jaunes. Face à l'ampleur de ce mouvement de revendications parfois émaillées d'affrontements violents avec les forces de l'ordre, qui s'est élargi aux domaines sociopolitiques, l'exécutif français a dû prendre des résolutions répressives assez fortes et contraignantes, qui ont conduit à des pertes en vie humaine et des milliers d'arrestations. « *Je déplore que 11 de nos concitoyens français aient perdu la vie(...) Ce que la France vit depuis plusieurs semaines est inédit (..)* » disait le président de la République Française Emmanuel Macron, lors d'un déplacement en Egypte le 28 janvier 2019.

Par ailleurs, la communauté dite internationale a soutenu Juan Guaido, le président autoproclamé du Venezuela, en violation flagrante des règles qui fondent la démocratie dite représentative et elle n'a pas condamné la chute, puis l'assassinat à petit feu de Mohamed Morsi, le premier président civil démocratiquement élu de toute l'histoire de l'Egypte. Cela a créé un mauvais précédent démocratique dans le monde choquant violemment l'opinion internationale.

Le constat est clair, car le processus démocratique chez les faiseurs de démocratie, les gendarmes du monde a montré et continue de démontrer ses insuffisances, surtout avec la pandémie du corona virus rebaptisée COVID19. La crise du Coronavirus vient clairement renforcer nos incertitudes liées aux systèmes démocratiques importés. Qui aurait pu imaginer que le tiers de l'humanité serait aujourd'hui confiné chez lui, en violation flagrante des libertés individuelles et collectives, que nos frontières seraient fermées, que le trafic aérien serait aux arrêts, et que l'économie mondiale serait sous forte récession économique ? Cela remet en question la quintessence même de la démocratie fondamentalement animée par une peur géostratégique.

Avec le retour de l'Etat-policier caractérisant l'échec cuisant de la démocratie des donneurs d'ordres affectée par la géostratégie de la peur affaiblissant le monde occidental, alors que l'Europe est en pleine crise d'austérité, crise écologique, brexit et enfin crise pandémique, il serait encore utopique que les africains croient naïvement au bien-fondé du processus démocratique hérité de ces nations hégémoniques. Les grandes puissances avec à la clé leurs multinationales ont absorbé et continuent d'absorber toute l'énergie disponible du système planétaire. Dès lors, une nouvelle approche urgentissime dans les relations paternalistes paralysantes matérialisées par les nombreuses tutelles, aussi bien militaires, diplomatiques, économiques, monétaires, sanitaires, judiciaires que culturelles, serait la bienvenue. C'est pourquoi, dans le cadre de la mondialisation et de la globalisation des échanges, ce livre de conscientisation de masse à pour objectif d'amener absolument les lecteurs et les gouvernants africains dans leur grand ensemble à reconsidérer les relations dans tous les domaines entre l'Afrique et l'oligarchie occidentale, afin de provoquer dans la rupture un changement de paradigme propre à un système de développement endogène dans cet nouvel ordre mondial qui se dessine.

Ce livre fruit de trois années de recherches, destiné au grand public africain et qui constitue à n'en point douter matière à réflexion m'a été inspiré en 2017 lors d'un voyage au Benin au congrès constitutif du REZOPANACOM[1]. En marge de ce congrès, en compagnie du journaliste Bachir Ladan, de Patient Parfait Ndom

---

[1] Signifie : Réseau des communicateurs panafricains

mon Co-paneliste d'Afrique media TV à bord du véhicule de Kounou Valentin Bessan, nous nous sommes rendus à Ouidah sur la trace du « parcours des esclaves » avant d'être déportés en Amérique. Choqués par nos découvertes, nous avons tous coulé des larmes. C'était comme si on avait touché cette cruelle damnation du bout des doigts, ce qui m'a permis de produire cette oeuvre.

Nous exprimons nos sincères remerciements au Ministre Ahoua Don Mello, qui malgré son emploi du temps très chargé en qualité de conseiller du Président Guinéen Alpha Condé, chargé des grands travaux et projets structurants, et ses nombreuses sollicitation à l'échelle africaine en matière d'intégration sous-régionale, a accepté de nous faire partager ses remarques et d'écrire la préface de ce livre. Auteur de plusieurs travaux de recherches et ouvrages, dont le dernier en date s'intitule : « ***Côte d'Ivoire, sur la route de la souveraineté*** », digne promoteur du nationalisme économique ivoirien, porte-parole du dernier gouvernement du président Laurent Gbagbo, aujourd'hui en exil, Ahoua DON MELLO est Docteur-Ingénieur de l'École Nationale des ponts et chaussées de Paris. Il est titulaire d'un DEA de génie mécanique de l'université Paris VI et Ingénieur en génie civil de l'École Polytechnique de Yamoussoukro. Après s'être inspiré de l'expérience du géo-béton, Il a mis au point une technologie au revêtement des chaussées en géo-pavé dans les années 1980.

Nous portons également nos remerciements à toutes ces personnes connues ou anonymes qui de près ou de loin nous ont apporté leur contribution au nom de la solidarité panafricaine pour la réalisation de cette œuvre. Chers tous, recevez à travers ces lignes l'expression de mes sentiments de profondes reconnaissances qu'accompagne toute ma gratitude. Aucune œuvre humaine n'étant parfaite et bien entendu que c'est du choc des idées que rejaillie la vérité, cette œuvre non dogmatique, soumise à critique nous l'espérons, sera le point d'orgue pour la mise en place d'un système de développement typiquement propre à l'Afrique.

Millé Claude Mrandjo

INTRODUCTION

René Dumont à travers son livre intitulé « *L'Afrique noire est mal partie* » attirait déjà en 1962, l'attention sur les dangers que courait l'Afrique face aux enjeux de l'assistanat permanent hérité des indépendances factices des années 60. S'il a été mal perçu par plusieurs présidents africains, qui jadis le clouaient au pilori, avant même de l'avoir compris, il n'en demeure pas moins que le temps aujourd'hui lui donne raison. D'autant plus qu'un regard prospectif sur l'Afrique contemporaine révèle avant tout la précarisation générale du système productif agricole et la persistance de la paupérisation galopante de masse, avec son corolaire de conflits intermittents, de foyers de tensions tous azimuts, de pandémies généralisées mettant ainsi en mal le développement de nos pays qui ont fait le choix de la démocratie aux forceps face aux enjeux de la globalisation dans un monde désormais multipolaire, multi-dimensionnel, tourné de plus en plus vers le libéralisme économique, accentuant ainsi le fossé entre les riches et les pauvres. Depuis les années 90, les gouvernements africains connaissent par la spirale d'une démocratie pluraliste, de grandes reformes significatives notamment dans les domaines politiques, institutionnels, économiques et sociales.

Mais malgré ces acquis, il existe un décalage majeur entre les dynamiques institutionnelles et les besoins spécifiques des populations africaines exclues du jeu démocratique et laissées pour compte. Face donc aux résurgences des crises à répétition partout en Afrique, orchestrées par des dérives autoritaires émanant du système démocratique, nous sommes à mesures de nous dire que la démocratie importée, non seulement s'est trahie elle-même, mais elle nous a trahi nous et nos gouvernants. La preuve est là sous nos yeux avec la pandémie liée à la COVID19, qui met en exergue les enjeux géostratégiques des limites du bloc capitaliste qui gouverne à présent par ordonnance en violation flagrante des principes mêmes démocratiques.

En effet, au nom de la démocratie ils ont déporté nos bras valides comme des esclaves pour développer le continent américain. Au nom de la démocratie nous sommes allés combattre pour eux en Europe. Au nom de la démocratie ils nous exproprient de nos terres, cultivées par les multinationales. Au nom de la démocratie ils nous imposent la guerre, la pauvreté, la famine et la mort. Au nom de la démocratie ils ont consommé toutes les ressources disponibles de la planète. Au nom de la démocratie ils ont dégradé l'atmosphère et ils viennent nous imposé la COP21 afin de limiter notre industrialisation. Au nom de la démocratie ils nous imposent des conditionnalités de financement, afin de mieux nous maintenir dans la misère létale en contrôlant nos Etats de l'extérieur. Au nom de la démocratie ils recyclent notre propre argent en aide publique au développement et nous le rendent sous forme de prêts remboursables à maturité avec intérêts. Au nom de la démocratie ils nous ont imposé comme richesse développementaliste les matières premières à l'exportation comme facteur de croissance. Au nom de la démocratie ils nous ont imposé leur langue, leur civilisation avec un système éducatif singé refoulant nos valeurs intrinsèques authentiquement traditionnelles. Au nom de la démocratie ils nous maintiennent à travers des accords de coopérations biaisés, dans la paupérisation galopante, l'ostracisme et l'infamie. Au nom de la démocratie ils s'arrogent le droit de vie et de mort sur les citoyens du monde entier en choisissant délibérément de réduire d'un quart la population de la planète à travers la pandémie de la COVID19.

Pendant combien de temps allons-nous assister impuissant sans pouvoir rien y faire ? Oui, pourquoi nous restons les bras croisés, apeurés par leur grandiloquence démocratique impétueuse en pleine décadence ?

Les données de la banque mondiale en 2019 qui prévoient un ciel qui s'assombrira jusqu'à l'horizon 2030, sont très alarmantes pour l'Afrique dans les dix prochaines années. Le malaise est profond, la crise s'accentue car les réservoirs sont à sec, les signaux sont au rouge et les indicateurs indiquent danger à l'horizon. A part des pays comme l'Afrique du Sud, le Botswana, la Namibie, le Ghana, le Sénégal et la Tunisie qui font exception à la règle en raison de la solidité de leurs institutions démocratiques, la plupart des pays africains sont minés par des crises géopolitiques et géostratégiques à géométrie variable.

Certains pays africains à démocratie hybride par contre amorcent un véritable développement économique à l'instar du Rwanda qui connait en ce moment un progressisme nul part égalé en Afrique, même s'il est aussi passé par la guerre interethnique en 1994 entre les tutsis et les hutus, faisant près d'un million de morts. Partout en Afrique, le constat est le même car les crises, la pauvreté extrême, les gabegies, le surpeuplement, le surendettement à croissance exponentielle, la paupérisation galopante accentuée par la plus grande crise économique mondiale provoquée par le Corona virus, le désengagement des états aux profits du secteur privé, les conflits interethniques basés sur des antagonismes religieux, tribaux ou frontaliers sont les maux qui minent ce continent dont le sous-sol est pourtant un scandale géologique.

En Algérie, la récente descente aux enfers de Bouteflika frappé par une incapacité à gouverner après plus 20 ans de pouvoir laisse entrevoir l'envie du peuple Algérien d'amorcer enfin l'alternance politique. Le même constat est fait au Soudan ou la population fatiguée d'une misère létale a eu raison d'Omar El Béchir, qui perdit le pouvoir suite à une simple augmentation du prix du pain. La triste fin de Blaise Compaoré au Burkina Faso, ce grand potentat était déjà un signal alarmant du réveil tardif des populations à travers des mouvements de masse, informant l'opinion africaine que le temps de la longévité au pouvoir est révolu. Et que dire de la démission aux forceps de Robert Mugabe en seulement deux semaines après 37 ans de pouvoir, fauché par l'âge et lâché par tous ses soutiens même les plus intimes au sein de la ZANU-PF[2].

Même, si cette montée du populisme a été un fiasco en RDC grâce à la magnanimité du président Kabila qui à travers une entourloupe a su donner un successeur digne de confiance au Congo, cela n'avait pas été le cas en Gambie ou Yaya Jammeh dans un pays ou les alternances politiques sont très rares, a finalement reconnu sa défaite après un éphémère bras de fer face à la CEDEAO[3]. En côte d'Ivoire, Laurent Gbagbo a été évincé lors d'une guerre fratricide par la France qui a installé Ouattara ce sous-préfet de la françafrique, le meilleur élève contemporain de la politique française en Afrique. Cette grave atteinte pendant dix ans à la souveraineté de ce pays jadis prospère, a été confirmée par les aveux de Nicolas Sarkozy à savoir : « On a sorti Laurent Gbagbo, on a installé Alassane Ouattara, sans aucune polémique, sans rien. » dans le livre de Frédéric Gerschel et Nathalie Schuck intitulé : "Ça reste entre nous, hein? Deux ans de confidences de Nicolas Sarkozy" parut aux éditons Flammarion en 2014. Ces aveux sont clairs et sans ambages montrant bel et bien que c'est la France qui a renversé Laurent Gbagbo par un coup d'Etat.

En Lybie, l'opération « protecteur unifié » se solda par l'assassinat du Colonel Mouammar Kadhafi, chef historique de la Jamahiriya Arabo-libyenne. Même si sa mort a été saluée, par une explosion de joie de la majeure partie de l'oligarchie occidentale, alors que le droit universel et états-unien interdisent formellement l'assassinat d'un président en exercice, bon nombre des présidents

---

[2] Parti de Robert Mugabe
[3] Communauté économique des états de l'Afrique de l'Ouest

africains à l'image du peuple libyen et africain ont condamné cette « criminocratie[4] » occidentale en perte de vitesse.

Face donc aux contingences de cette « criminocratie » orchestrée et soudoyée afin de faire de l'Afrique leur marchepied, une question nous interpelle : Sommes-nous vraiment libres ?

Au regard donc des systèmes contestés qui caractérisent l'échec cuisant des pouvoirs politiques en Afrique, il est important pour nous d'œuvrer résolument pour une requalification adéquate de la démocratie à travers l'espace politique africain dans son irréductible diversité. En développant une approche résolument multiforme, organisée autour de l'articulation scientiste de la politique. Il s'agira pour nous de développer l'idée selon laquelle l'Afrique est en mesure d'amorcer elle-même sa propre «Afrocratie[5] » dans le cadre de grands ensembles, garantissant l'expression de la diversité des sociétés africaines tout en assumant les confluences appropriées, afin de faire dans l'union face aux défis posés par les grandes évolutions tributaires du nouvel ordre mondial en tenant dument compte des besoins présents et les exigences futurs.

Malgré sa grande diversité, l'Afrique mérite de trouver une unité d'action en élaborant un véritable projet collectif au détriment de l'individualité dans le concert des nations. Cette problématique qui est la nôtre à savoir étudier le phénomène de la politique démocratique en Afrique, divisée en deux grandes parties dans notre ouvrage s'inscrit dans un ensemble doté d'une spécificité très particulière par rapport aux systèmes connus en occident. La première partie s'articulera autour de l'évolution du pouvoir et des institutions politiques en Afrique. Celle-ci se décompose en axe stratégique compte tenu de la dimension historique du passé colonial de l'Afrique d'une part et de la conflictualité liée à la problématique démocratique d'autre part. Dans la seconde partie, nous traiterons de l'Afrique dans le monde à travers une analyse politi-

---

[4] Néologisme définissant un groupe de criminel.
[5] Néologisme signifiant la démocratie à l'africaine.

co-économique des relations internationales face aux enjeux géos-tratégiques actuels notamment en matière d'approches, concepts et données. Les progrès sur le champ des institutions démocratiques sont non seulement fragiles mais changeants. C'est pourquoi, pour relever ces défis, la contribution de tous est absolument nécessaire.

Première Partie :

L'EVOLUTION DU POUVOIR ET DES INSTITUTIONS POLITIQUES EN AFRIQUE

Chapitre I :

Le passé colonial de l'Afrique

I.1 : DECOUVERTE DE L'AFRIQUE

Kwamé N'Krumah disait : « *Bien connaitre, permet de bien agir, il est utile et essentiel que nous soyons nourris de notre culture et de notre histoire, si nous voulons créer cette personnalité africaine qui doit être la base intellectuelle de notre avenir* ».

C'est en cela que le Roi Kwamé Adingra de Bondoukou pouvait dire à un colon français : « *Mon commandant, si tu ne connais pas la vérité de chez nous, la vérité de chez vous ne saurait être une vérité* ». Précurseur, il posait là, la problématique du savoir qui est aujourd'hui l'âme du 3ème millénaire. En Afrique, le savoir est grand, mais nous ne savons que nous savons. En ce sens que « *lorsqu'un vieillard meurt, c'est une bibliothèque qui brule* », pouvait dire Amadou Hampâté Bâ à l'UNESCO en 1960. Ainsi, quand Nicolas Sarkozy déclare le 26 juillet 2007 face à la jeunesse africaine à Dakar que la colonisation fut une faute tout en estimant que le « *drame de l'Afrique* » vient du fait que « *l'homme africain n'est pas assez entré dans l'Histoire.* », il nie notre propre histoire tout en faisant son propre mea-culpa reconnaissant comme Macron que la colonisation à fait plus de mal que de bien aux civilisations africaines à travers son passé peu glorieux, parsemé de guerres, de conquêtes géostratégiques, de traite et d'esclavage. Le crime de la civilisation contre l'humanité reconnut par Emmanuel Macron dix ans après les propos de Sarkozy, lors de son voyage en Algérie en 2017, l'a emmené à requalifier la colonisation de « *crime contre l'humain* » préjudiciable aux africains. Il est important que Sarkozy sache que la glorieuse marche de l'histoire africaine a été freinée par la Traite et l'esclavage. Il est plus qu'urgent que nous soyons tous d'accord Nicolas de Nagy Bogsa, qui étale vainement ses lacunes, ne connait vraiment pas l'histoire de l'humanité dont la préhistoire des sociétés africaines. Nous l'invitons donc de ce pas à bouquiner Patrice Lumumba: « *L'histoire dira un jour son mot, mais ce ne sera pas l'histoire qu'on enseignera à Bruxelles, Washington, Paris ou aux Nations unis, mais celle qu'on enseignera dans les pays affranchis du colonialisme et ses fantoches.*» ou encore à aller sur les traces de François Mitterrand qui disait depuis 1957 que : « *Sans l'Afrique, la France n'aura pas d'histoire au XXIe siècle* ». Malheureusement, il se trouve des afro-pessimistes européanisés qui soutiennent cette assertion puérile et fallacieuse de Sarkozy, dénudée de tout bon sens. Pourtant l'Afrique est le berceau de l'humanité car les plus anciens fossiles d'hominidés selon la préhistoire, ont été découverts en Afrique. Le fossile de Toumai découvert dans le désert de Djourab au Tchad en 2001 deux fois plus vieux que sa petite sœur Lucy de 3.2 millions d'années découvert en 1974 en Ethiopie, a été daté d'environ 7 millions d'années. Non contents de nier notre propre histoire, l'homme blanc appelé « *Toubab*[6] » en Malinké, « *Blôfouê*[7] » en Baoulé ou encore « *Zojage*[8] » en Fon, va plus loin en nous faisant croire que la découverte de l'Afrique émane d'un navigateur portugais du nom de Bartolomeo Dias lorsqu'il passa en 1488 pour la toute première fois le Cap de Bonne Espérance à la pointe sud de l'Afrique.

Pourtant, la révélation d'une carte chinoise sur un morceau de soi datant de 600 ans bien conservé en Chine montre clairement avec assez d'exactitude le continent africain. L'Afrique aurait donc été explorée par les Chinois bien avant les Portugais. Les poteries chinoises retrouvées en Afrique du Sud datant du 14 ème siècle et d'autres vestiges prouvent que de grands navigateurs chinois

---

[6] Appellation de l'homme blanc dans la langue locale Malinké au Mali.

[7] Appellation de l'homme blanc dans le dialecte Baoulé en Côte d'Ivoire.

[8] Appellation de l'homme blanc au Benin, Zo (feu) : Jè (est venu) ; âge (rive) signifiant des hommes de feu ont traversé la rive.

comme Zheng connaissaient déjà l'Afrique. Les européens par le biais des portugais explorèrent l'Afrique en réalité au XV ^{e} siècle sous les auspices du prince Henri le Navigateur. Ces contre-vérités longtemps demeurées vérités qui nous mentent, nous trahissent et trahissent l'histoire du continent Africain. Est-il encore opportun de rappeler à Nicolas Sarkozy l'histoire de l'Égypte antique marquée par les témoignages qui ont fasciné l'histoire de l'humanité ? La civilisation égyptienne est une des plus anciennes civilisations du monde. Les premiers hiéroglyphes à savoir les pictogrammes ont été découverts en Egypte, longtemps avant la colonisation des Anglo-saxons.

I.2 : LE COMMERCE DES ESCLAVES :

Le commerce des esclaves dit commerce triangulaire Afrique-Amérique-Europe a participé considérablement au dépeuplement des bras valides de l'Afrique. Pourtant, l'esclavage à notre époque demeure un épisode particulièrement triste et honteux de l'histoire de la colonisation en Afrique pratiquée par des nations de grandes civilisations qui inventaient au même moment la démocratie. Comme si l'esclavage et la démocratie allaient ensemble.

Il est important de savoir que l'homme en tant que simple outil à vendre était une idée inconnue de l'Afrique. C'est à partir du 17éme siècle que de fort besoin en main-d'œuvre américaine se sont ressentis dans les plantations. Alors, les européens se sont lancés dans ce commerce florissant qui allait enrichir vachement l'Europe et l'Amérique, tout en appauvrissant l'Afrique.

Toute la Côte Ouest-africaine depuis l'île de Kunta Kinteh en Gambie qui a été à l'instar de Gorée au Sénégal, le lieu de transit des esclaves avant qu'ils ne soient transportés de force en Amérique en passant par Grand Bassam et Assinie en Côte d'Ivoire, d'El Mina au Ghana jusqu'à Porto-Seguro au Togo, en continuant à Ouidah et Porto-Novo au Benin pour finir à Gbadagri au Nigeria furent dépeuplés à travers des agressions suivis de rapts. Il eut une traite aussi florissante sur la Côte Est à partir de Zanzibar, vers le Moyen-Orient. Lors de la vente des esclaves avant l'atteinte de la porte du non-retour (portillon du quai d'embarquement) ou de façon générale les esclaves étaient mis en forme, on leur donnait un peu de nourriture et un peu de soins accompagnés de mouvements gymniques. Ensuite, ils étaient maquillés et vendus. A titre d'exemple pour un canon, dix esclaves marqués au fer étaient vendus et transportés dans les bateaux des négriers, attachés et bâillonnés par des chainons en file indienne. Des rituels étaient aussi effectués afin de les défendre de se venger et d'effacer leur mémoire[9] les empêchant de se souvenir de leurs origines.

Cette dépossession et les conditions de vie délétères que les envahisseurs imposèrent aux indigènes a entrainé la colère généralisée. Ces derniers se sont donc résolus à combattre farouchement l'oppresseur sous toutes ses formes : En Côte d'Ivoire avec plusieurs combattants comme Zokou Gbeuly, héros de la résistance anticoloniale dans la région de Daloa fut arrêté sur sa terre natale par les Français et déporté à la prison coloniale de Zuénoula ou il mourut le 15 avril 1912 ; Almamy Samory Touré capturé et déporté par la France au Gabon en 1898 où il mourut en 1900 ; Au Madagascar avec Rainilaiarivony Premier ministre malgache fait prisonnier par les Français, exilé en Algérie le 6 février 1896 ; Prempeh de son vrai non Kwaku Dwa III fut arrêté par les Anglais et déporté en Sierra Leone, puis aux Iles Seychelles en 1896 ; Dona Beatrice Du Congo, arrêtée par les Portugais, a été condamnée au bûcher le 2 juillet 1706 ; Toussaint Louverture aux Antilles se révolta et obtint l'abolition de l'esclavage en France en 1794. Il fut renversé et déporté en France en juin 1802 au fort de Joux où il mourut en avril 1803.

Suite à ces révoltes dans tous ces protectorats, Napoléon Ier décréta le 29 Mars 1815 l'abolition de la traite négrière en application du premier traité de Paris suite au traité de Vienne posant le

---

[9] On faisait tourner à trois reprises les esclaves autour de l'arbre de l'oubli avant leur embarquement.

principe de la fin de la traite. La seconde et définitive abolition officielle de l'esclavage qui s'est faite progressivement date du 27 avril 1848. L'esclave a permis aux colons d'amasser beaucoup d'argent et de construire leur pays sur la sueur et le sang des captifs africains. Le début de la traite négrière atlantique organisée par l'Europe date de 1441 lorsque des navigateurs portugais ramenèrent les premiers esclaves nègres au Portugal.

C'est donc les européens affamés en quête de débouchés et d'expansions idéologico-économiques qui ont introduit en Afrique la pratique de l'esclavage sous sa forme purement commerciale. Et pour se donner bonne conscience les négriers estimaient que l'esclavage sauvait les noirs des massacres et de l'intolérable servitude qu'ils eussent soufferts dans leurs propres royaumes. L'Abolition de l'esclavage a permis un temps soit peu d'altérer le traitement humiliant et dégradant que l'homme dit civilisé, le Toubab avait élaboré pour le noir suivant le code noir de Louis XIV.

I.3 : LE PACTE COLONIAL :

Apres l'abolition de l'esclavage dans les colonies, l'Europe enrichie avec le commerce triangulaire s'est ruée sur l'Afrique en développant une politique néocoloniale d'exploitation de l'homme noir à Berlin. La naissance des états unis d'Amérique et le développement industriel qui a suivi a développé une forte concurrence sur les matières premières d'Amérique du Sud combiné à la peur d'un afflux massif d'esclaves en Amérique qui pourrait donner un avantage démographique au peuple noir dans les colonies et multiplier l'exemple de Toussaint Louverture, a entraîné l'abolition de la traite des esclaves et la mise en esclavage sur le continent Africain pour la production de matières premières sur le sol Africain en lieu et place du commerce triangulaire.

La conférence de Berlin convoquée à l'initiative du Portugal débuta le 15 Novembre 1884 à Berlin et prit fin le 26 Février 1885. Cette conférence assassine qui consacra la balkanisation de l'Afrique, l'offrit comme un gâteau au nouveau monde et édicta les règles officielles de partition du continent. Ce partage à engendré la signature de plusieurs traités coloniaux avec les pays colonisés.

En effet, les pays occidentaux voyant dans ces nouvelles colonies de grandes opportunités géostratégiques et géopolitiques sans précédent ont imposé leur suprématie par des méthodes impérialistes. La phase coloniale fut l'occasion idéale de la percée de la politique d'assimilation basée sur le modèle démocratique car l'influence coloniale transforma notre milieu par un changement de mentalité. C'est à partir de 1890, après s'être libérée de la monarchie constitutionnelle que la France se lança à vive allure dans la course aux colonies.

Elle créa d'abord l'A.O.F[10] en 1885 avec siège à Dakar et L'A.E.F[11] en 1910 avec siège à Brazzaville. Etymologiquement l'assimilation est l'action d'assimiler de rendre ou de présenter comme semblable. En sociologie, l'assimilation est le processus qui permet à un étranger ou à une minorité de s'intégrer à un groupe social plus large en adoptant ses caractéristiques culturelles. C'est donc cette politique dotée d'une autocratie métropolitaine qui fût le point d'orgue des pratiques politico-sociales spécifiques qui développent encore de nos jours, leurs effets névralgiques sur les gouvernements africains. La colonisation a duré 60 ans et était conduite en France au début par Léon Gambetta et Jules Ferry. Le dernier cité affirmait au parlement que : *« La déclaration des droits de l'homme n'avait pas été écrite pour les noirs de L'Afrique. »* Afin de ne pas mettre en mal les relations avec les USA, Ferry a pris soin de catégoriser les noirs d'Afrique et d'Amérique. Parce que justement, les Etats unis regorgeant de nombreux noirs avaient lutté farouchement pour se défaire de la tutelle britannique et se posaient désormais en tenants d'une société multiraciale très hostile à la discrimination sous toutes ses formes et soucieuse des droits de l'homme, africain fut-ce.

---

[10] Afrique occidentale Française
[11] Afrique équatoriale Française.

En effet, le premier texte officiel la torche(USA) de la France en Afrique est très clair avant de tomber dans l'incertitude et devenir les complices de l'Europe dans le pillage systématique de l'Afrique : « *Lorsque dans le cours des événements humains, il devient nécessaire pour un peuple de dissoudre les liens politiques qui l'ont attaché à un autre et de prendre parmi les puissances de la terre, la place séparée et égale à laquelle les lois de la nature et du Dieu de la nature lui donnent droit, le respect dû à l'opinion de l'humanité l'oblige a déclarer les causes qui le détermine à la séparation*[12] ». Il est quand même important de reconnaitre que l'indépendance des USA à la différence des pays africains comme le Ghana, le Congo ou le Kenya se rapproche plus de celle de la Zambie ou du Zimbabwe. Cependant, il n'en demeure pas moins que le mythe du colonisé est une constante de la tradition américaine.

Ainsi, quand Nicolas Sarkozy affirme de façon péremptoire que la colonisation tout comme l'assimilation n'a pas été une très bonne chose pour l'Afrique contrairement à Jules Ferry, il a raison. Il reconnait enfin à travers ses aveux, ce passé éhonté, avilissant, et dégradant aux ambitions démesurées qui a humilié tout un continent.

Pour Ferry la politique coloniale, fille de la politique industrielle du nouveau monde sur trois points à savoir : économique, philosophique et politique. Au point de vu économique, il s'agit pour les colonies d'offrir des débouchés à l'industrie et favoriser les exportations. Au point de vue philosophique, les « Zojage » ont un message universel à savoir de coloniser pour émanciper au nom de la justice et la liberté en éduquant les esprits. Le dernier point qui est purement d'ordre politique serait de créer des conditions de rayonnement de la France et partant du nouveau monde. Pourtant, la colonisation émane du grand racisme philanthropique.

Pour atteindre leurs objectifs « Ferryennes » des guerres de conquêtes sans merci ont été menées par les européens en Afrique et dans le monde, afin d'intégrer les populations africaines dans

---

[12] Déclaration d'indépendance des USA au congrès du 4 juillet 1976.

leur universalisme par la propension des idéaux de leur république dite démocratique qui montre actuellement ses limites avec la crise d'austérité en Europe, le Brexit en Angleterre, la crise des gilets jaunes en France et la pandémie du siècle dénommée COVID19.

Le colonialisme par sa politique de préférence tarifaire et son monopole du pavillon nuisait beaucoup aux pays colonisés. Même si l'utilitarisme de l'empire colonial anglais touchait non seulement l'Afrique mais aussi le continent asiatique et américain, la centralisation des décisions des 15 pays d'Afrique noire francophone issus de l'A.OF et de L'A.E.F à Paris a suscité des révoltes et oppositions fortement réprimées.

En effet à travers sa politique d'assimilation directe, l'Elysée a imposé une volonté de remplacer les chefs locaux africains par des fonctionnaires français selon leur idéologie républicaine afin d'avoir une mainmise complète sur les ressources des colonies. Alors que les anglais à travers leur politique du self Governement et de l'indirect rule ont maintenu une administration locale dirigée par les colonisés. Ces politiques d'administrations coloniales rejetées dans leurs grands ensembles par les peuples d'Afrique d'entre-deux guerres ont provoqué comme conséquence, l'effervescence des mouvements nationalistes en Afrique réclamant leurs indépendances avec pour caractéristiques communes les antagonismes ethniques nées de la balkanisation du colonisateur sur lequel se superposa les rivalités Est-Ouest.

Le Congo ex-belge appelé le Zaïre sous Mobutu avait connu un soulèvement en Janvier 1959 à Leopoldville, ce qui lui permit d'arracher son indépendance précoce débouchant sur la crise du Shaba (l'ancien katanga). En Afrique du Sud, l'instauration de l'apartheid en 1948 a suscité la colère des mouvements nationalistes qui ont opté certains pour la lutte armée.

L'éclatement de la fédération Rhodésie-Nyassaland provoqua l'indépendance de la Rhodésie du Nord à savoir la Zambie et du Nyassaland appelé le Malawi. Par contre la Rhodésie du sud appelée le Zimbabwe dirigée par les blancs s'est vue confrontée au refus du colonisateur anglais et a proclamé de façon unilatérale son indépendance. L'héritage colonial au Nigeria a conduit à la guerre de la sécession biafraise. Le mouvement insurrectionnel appelé « la révolte des Mau Mau » agissant au nom du peuple Kikuyu opprimé, permis de mettre fin a l'apartheid au Kenya et obligea les anglais en 1963 a octroyé l'indépendance du pays dont le 1er président fut le leader indépendantiste Jomo Kenyata.

Subséquemment, la politique systématique de conquête autoritaire et répressive au plan administratif et militaire des populations colonisées a conduit aussi à des soulèvements généralisés en A.OF et de A.E.F. En Algérie, le FLN et les algériens patriotes ont vaincu la France malgré les harkis (traîtres) qui se comptaient par dizaine de milliers dans les rangs de l'armée française. Au Cameroun, la révolte de la population locale contre l'administration coloniale dirigée par le Mpodol Ruben Um Nyobé a conduit à l'épuration ethnique des bassa et des Bamilékés.

En Côte d'Ivoire, l'administrateur colonial français Angoulvant a maté toutes les velléités de soulèvement contre l'administration coloniale. Cependant, Houphouët Boigny après la création du Syndicat agricole africain(SAA) en 1944 et du RDA[13] avec ses paires africains en 1946, grand défenseur des planteurs a réussi à obtenir l'indépendance factice du pays dans un concubinage incestueux. La conférence de Brazzaville en 1944, initiée par de Gaulle alors que la France et toute l'Europe sortaient très affaiblies de la deuxième guerre mondiale qui fut très meurtrière à permis aux mouvements d'émancipation de tracer les grandes lignes des indépendances tronquées et trahies des pays d'Afrique noire francophone.

---

[13] Rassemblement Démocratique Africain crée à Bamako sur les rives du fleuve Niger.

Chapitre II :

Les indépendances factices ont trahi l'Afrique

II.1 : LA DECOLONISATION :

A partir des années 1945 marquant la fin de la 2eme guerre mondiale le monde partagé désormais en deux grands blocs Est et Ouest rentre dans une nouvelle ère de son histoire. L'échec de la SDN[14] crée le 10 janvier 1920 après la première guerre mondiale au traité de Versailles a entériné la naissance de l'ONU qui était sensée désormais garantir la paix et la sécurité dans le monde. La charte des Nations unies réaffirmait le *«respect du principe de l'égalité de droits des peuples et de leur droit à disposer d'eux-mêmes».*

Les nombreux mouvements à velléité indépendantiste en Afrique qui avaient aidé les alliés à remporter la guerre dont certains avaient reçu comme promesse l'émancipation en cas de victoire, exigeaient leur droit à disposer désormais d'eux-mêmes car *« Sans dignité, il n'y a pas de liberté, sans justice, il n'y a pas de dignité, et sans indépendances, il n'y a pas d'hommes libres. »* disait Patrice Lumumba. Ces mouvements à caractère révolutionnaire pour certains contraignirent les colonisateurs à la décolonisation face à une Europe meurtrie par strangulation, affaiblie et ruinée par la guerre. Si cette émancipation des colonies s'est faite pour les uns dans la négociation par contre pour d'autres, elle s'est faite par la force comme au Cameroun et en Algérie. En revanche, certains territoires resteront cependant français et deviendront des départements et territoires d'outre-mer (DOM-TOM). A en croire les déclarations le 27 août 1946 d'Édouard Herriot à l'Assemblée : *«Si nous donnions l'égalité des droits aux peuples coloniaux, nous serions la colonie de nos colonies.»* Visiblement, la France apeurée ne voulait pas de cette séparation brusque d'avec la tutelle.

---

[14] Société des Nations

C'est pourquoi, la loi cadre de Gaston Deferre fut la dernière tentative pour maintenir les colonies sous la tutelle de la France en leur octroyant une pseudo-indépendance. Cette loi-cadre mortifère paracheva la création définitive des frontières administratives des colonies devenues des frontières étatiques.

Dans cette même année, la constitution de la IVe République française accorda un semblant de souveraineté aux colonies et même le droit d'élire leurs représentants dans les assemblées françaises. Dans une opération de charme politique, l'Ivoirien Houphouët–Boigny et le Sénégalais Léopold Sédar Senghor devinrent à cette époque ministres dans le gouvernent français. En Octobre 1958, De Gaulle revenu au pouvoir entre temps en France lance le referendum communautaire franco-africain : « *L'indépendance, quiconque la voudra, pourra la prendre aussitôt. La métropole ne s'y opposera pas*, insinua-t-il, *vous aurez le choix entre la communauté avec la France et l'indépendance dans la sécession* ».

Il s'agissait d'un referendum d'autodétermination afin de savoir si oui ou non les colonies voudraient maintenir leur présence dans une communauté Franco-africaine. La Guinée de Sekou Touré vota non et accéda à l'indépendance quatre jours après. Abandonné par ses paires africains, le discours de Sékou Touré lors de la visite de De Gaulle le 25 Aout 1958 en Guinée Conakry fut mémorable : « *Nous avons, quant à nous, un premier et indispensable besoin, celui de notre dignité. Or, il n'y a pas de dignité sans liberté, car tout assujettissement, toute contrainte imposée et subie, dégrade celui sur qui elle pèse, lui retire une part de sa qualité d'Homme et en fait arbitrairement un être inférieur. Nous préférons la pauvreté dans la liberté à la richesse dans l'esclavage.* ». Selon Sekou Touré, Il est très clair que l'Afrique avait besoin de liberté dans la dignité et non d'indépendance dans l'esclavage. Cependant, cette communauté Franco-africaine ne tint pas longtemps puisque en 1960 les pays d'Afrique devinrent indépendants.

L'émancipation des colonies d'Afrique du Nord et d'Afrique noire s'est faite à partir des années 1955. La conférence de Bandung en 1955 annonça l'émancipation des peuples d'Afrique favorisant ainsi leur entrée sur la scène internationale. La décolonisation n'a duré que de 1946 à 1962.

L'Europe communautaire naissante qui voyait l'Afrique l'échapper, chercha par tous les moyens à conserver sa super-suprématie sur les colonies émancipées à travers des accords de dupe en matière d'aide et de coopération. C'est d'ailleurs, la vision géopolitique eurafricaine (Europe-Afrique) de la France qui l'emporta aux traités de Rome le 25 Mars 1957 lors de l'association à la CEE des pays et territoires d'outre-mer (PTOM) liés à la France, la Belgique, l'Italie et les Pays-Bas. Ensuite, à partir des années 60, alors que les colonies françaises accédaient à leur souveraineté, la convention de Yaoundé I du 20 Juillet 1963 consacra la première coopération entre la CEE[15] et 18 États africains et malgache associés (EAMA) par une politique d'association sur la base d'une liberté des échanges commerciaux et d'une aide financière des six. Le Royaume-Uni rentra dans ce marché commun à partir des années 1973 avec à sa solde tous les pays du Commonwealth. La convention de Lomé I signé le 28 février 1975 conclut l'accord de partenariat commercial entre 46 pays des ACP[16] et l'Europe, fut renouvelé en 1979 (Lomé II, 57 pays), 1984 (Lomé III, 66 pays), 1990 (Lomé IV, 70 pays) et enfin en 1995 (Lomé IV bis, 70 pays).

Visiblement, l'empressement voilé des métropoles d'établir des relations de partenariat d'aide et de coopération concédant le paternalisme néocolonial cachait le dessein inavoué de maintenir les colonies sous coupe-réglées dans une dynamique d'assistanat chronique, leur permettant ainsi le pillage systématique des ressources africaines. C'est pourquoi, ces accords secrets sont tellement biaisés qu'ils demeurent secrets.

---

[15] Communauté économique Européenne.
[16] Afrique caraïbe Pacifique

II.2 : DEMOCRATIE, AUTORITARISME ET PATERNALISME

Quand les premiers navigateurs arrivaient en Afrique, ce n'était pas parce qu'ils aimaient les indigènes africains, mais c'est parce qu'ils avaient faim. Ils étaient hantés par la famine engendrée par la peste qui détruisit l'agriculture. Alors comme des sangsues parasitant sur le chien(Afrique) pour boire tout son sang, ils nous ont prêché la civilisation pour en réalité, nous dépouiller de nos richesses. Apres les indépendances acquises dans la douleur et le sang, la plupart des pays africains ont opté pour un model politique imposé, calqué sur l'occident et incompatible avec nos US et coutumes. Mais, il faut reconnaitre que l'Afrique au début des années soixante avait plus besoin de liberté que de développement comme le pensait d'ailleurs Sekou Touré. Le nouveau monde aux forceps a imposé à l'Afrique des schémas mentaux sous coupe-réglées, qui ne lui correspondaient pas. Les africains ont été lobotomisés après les indépendances acquises en masse dans l'adversité. Les relations entre l'Afrique et les pays colonisateurs s'apparentent à la dialectique du maitre et de l'esclave dans laquelle l'Afrique (esclave) s'est vue singer de force une politique démocratique à dérives autoritaires incompatible avec les réalités autochtones.

Même, s'ils ont plusieurs points en commun, l'autoritarisme est opposé à la démocratie, car il n'approuve pas l'existence d'une opposition d'où l'existence du parti unique confisquant le pouvoir au profit d'un groupuscule de gouvernants. Philippe Braud dans Sociologie politique soutient que cela se manifeste par l'interdiction des activités, organisées le contrôle étroit de la vie politique et enfin le contrôle entier de l'appareil d'Etat. Ce système reflète exactement le comportement de la minorité au pouvoir en Afrique après les indépendances. L'indépendance de façade accordée au pays africains par le colonisateur, n'était qu'un cadeau empoisonné, un cheval de Troie comportant les germes d'autodestruction, d'assujettissement et d'appauvrissement massif des populations à travers des accords soi-disant de coopération économique et politico-militaire.

Soulignons que La démocratie à des degrés divers et dans des formes différentes existait déjà dans toutes les communautés africaines. Dans le groupe Akan de Côte d'Ivoire dont nous sommes issus, il existe un système politique à caractère participatif ou le pouvoir était géré par des classes d'âge prenant le pouvoir par génération. Le système du parti unique est donc tributaire en quelque sorte des mentalités en Afrique mais avec une certaine spécificité. Au Cameroun, dans la tribu bamiléké, il existait un système de succession patrilinéaire qui n'a pas fléchi aux caprices démocratiques ni failli à son devoir de gardien de la tradition. Les Bamilékés restés forts et puissants ont su allier modernisme et tradition en dépit des contradictions et contorsions de types diverses. En réalité, on distingue trois types de démocratie à savoir : la démocratie directe, la démocratie semi-directe et la démocratie représentative ou indirecte. La démocratie est un régime politique dont le principe est celui du gouvernement du peuple par le peuple et pour le peuple selon les propos d'Abraham Lincoln. Dans le cadre d'une démocratie représentative, les citoyens élisent des représentants qui vont exercer le pouvoir en leur nom comme l'élection de Trump aux USA.

Si la démocratie représentative est utilisée aux USA, ce n'est pas le cas en Côte d'Ivoire qui laisse croire qu'elle utilise une démocratie directe à travers un régime présidentiel ou le président est élu au suffrage direct. Alors que le régime autoritaire d'Alassane Ouattara s'est fortement enraciné dans l'exclusion de masse, le bâillonnement de la presse et des partis d'opposition, la fraude électorale, la justice des plus forts et le rattrapage aussi bien ethnique qu'administratif à tous les niveaux de la vie sociopolitique ivoirienne. Ce qui a emmené Soro Guillaume à dire que Ouattara est le plus pire dictateur d'Afrique de tous les temps. Pourtant, une société est dite démocratique lorsqu'elle favorise une pluralité de systèmes politiques qui concourent tous au respect des libertés publiques et à l'égalité de droit entre les citoyens. Notamment, la liberté d'opinion, la liberté de la presse, la liberté d'aller et venir, la liberté d'association, la liberté d'élection, liberté d'égalité individuelle etc… sont les gages existentiels d'une société dite libre et démocratique selon Jean jacques Rousseau. Par contre l'autoritarisme repose sur quatre systèmes différents selon Philippe Braud à savoir : l'autoritarisme patrimonial, l'oligarchie clientéliste, la dictature populiste, la bureaucratie autoritaire.

L'Afrique postindépendance a été celle des partis uniques autoritaires ou des présidents dociles et fantoches ont été imposés sans élections, encouragés par un certain paternalisme néocolonial. Les partis uniques issus de la décolonisation dans leur grand ensemble reposaient tous sur un même principe à savoir bâtir la nation dans l'unité malgré les divergences d'opinion. L'Afrique héritée de la colonisation est une Afrique pluriethnique. La nation est fille de la République qui se met au dessus de la catégorisation, de l'ethnocentrisme et du tribalisme. Elle est le fruit de la participation de tous quel que soit le métabolisme anthropologique des tribus afin d'établir un état démocratique et républicain souverainiste appelé Etat-nation fondée sur la prise en compte des logiques identitaires et territoriales. Mais l'idéologie de l'Etat-nation issue des fractures ethniques et identitaires orchestrées par la colonisation a développé un sentiment de mépris favorisant l'enrichissent personnel au détriment de la collectivité. Les populations africaines ne bénéficient pas des retombés des fruits de la croissance.

La Baule fabrique et encadre des régimes uniques autoritaires institutionnalisés autour de la figure du président, renvoyant à la personnalité des individus et d'une certaine classe autoritaire vivant dans un luxe insolent. En Afrique, l'ère du parti unique s'est confondu avec l'autorité des nouvelles classes dirigeantes enrichies par une politique néolibérale, qui creusa le fossé entre le citoyen et la classe dirigeante. Sous Senghor, le Sénégal a connu un autoritarisme modéré tout comme en Tanzanie avec Julius Nyerere. Par contre, la Côte d'Ivoire d'Houphouët a connu un autoritarisme tribal à tête chercheuse ou le pouvoir était géré par un groupe d'individus matant l'opposition d'une main de fer en fomentant des faux complots et des arrestations arbitraires avec le regard complice de la France, comme dans beaucoup d'autres colonies. Le père du Président Laurent Gbagbo tout comme son fils ont été arrêtés et emprisonnés arbitrairement à maintes reprises dans les premières heures de notre démocratie importée.

Au Togo, Sylvanius Epiphanio Kwami Olympio accusé de dérives autoritaires, ouvert aux américains et opposé à la Françafrique naissante a été froidement assassiné. Avait-il été tué de 3 coups de balle par le commandant Maitrier, homme de main de Foccart ou par l'un des putschistes Gbassingbé Eyadema ? Le placard des archives nous le dira un jour. Sournoisement anti-français, il aurait commis un crime de lèse-majesté en ces termes : « *Je vais faire mon possible pour que mon pays se passe de la France.* » A cause donc de son indocilité, il fut éliminé avec la complicité des Ambassadeurs de France Henri Mazoyer et des USA Leon B. Poullada. Dans le Congo-belge, Patrice Lumumba a été liquidé tragiquement dans un contexte de guerre froide par un complot international regroupant les américains, les belges et les Britanniques. Les propos de Daphne Dark, l'ex-première secrétaire de l'ambassade britannique à Léopoldville dans les années 60, agent du MI6, sont très clairs : « *Nous avions quelque chose à voir avec l'enlèvement de Patrice Lumumba. Je l'ai organisé* », affirma-t-elle au parlementaire Lord David Edward Lea.

Au Mali, Modibo Keita ce grand nationaliste a été renversé puis emprisonné par Moussa Traoré lors d'un coup d'état. Il avait pourtant siégé tout comme Houphouët et Senghor à deux reprises dans le gouvernement français en tant que secrétaire d'Etat. Blaise comparé ce grand potentat a éliminé son frère d'arme Thomas Sankara sans le moindre remord et a fait usage d'une dictature militaire hors norme au Burkina Faso tout comme Abdel Fattah al-Sissi en ce moment en Egypte, renforcé, pourrait rester au pouvoir jusqu'en 2030. Ces deux derniers cités dont l'un déchu et l'autre en fonction se sont servis de régimes militaires forts semblables qu'au Soudan d' Omar El Béchir ou encore Salva kiir et Riek Machar du Sud-soudan s'appuyant sur l'armée et le nationalisme des classes moyennes.

Les classes bourgeoises au pouvoir en Afrique au début des années 60 ont profité du paternalisme néocolonial pour éliminer les opposants gênant en brandissant comme avatar la répression de l'idéologie communiste dans un contexte de guerre froide. La démocratie paternaliste acquise à l'heure des indépendances est un leurre. Elle s'est trompée et trahie elle-même parce que portant en elle, les stigmates d'une implosion permanente de l'Afrique ostracisée. L'Afrique indépendante ne doit plus se laisser influencer par un modèle démocratique importé de façon unilatérale. « L'Afrexit » ou l'Afrique de la rupture s'impose à nous et nous appelle à adopter le dévissement de ce nouveau concept panafricain « l'Afrocratie » qui est un autre modèle socio-démocratique empreint d'une monarchie originelle qui s'adaptera aux contraintes et réalités modernes et traditionnelles auxquelles elle est confrontée. Ayons en esprit que la Chine qui est en ce moment la première puissance commerciale mondiale a su concilier traditionalisme et modernisme pour atteindre son niveau de développement actuel.

Chapitre III
La problématique de la démocratie en Afrique

III.1 : LA CRISE DE L'ETAT POSTCOLONIAL : ENTRE DEMOCRATISATION ET RESTAURATION AUTORITAIRE

« *L'Afrique n'est pas mûre pour la démocratie* » avait dit le Président Jacques Chirac alors premier Ministre Français lors d'un séjour en Côte d'Ivoire en 1986. Ces propos dignes d'une autre époque avaient scandalisés la majeure partie de l'opinion africaine à une période précédant la chute du mur de Berlin dans la dynamique d'une forte aspiration du triomphe des démocraties et des libertés. La réelle problématique de l'impact de la démocratie sur les gouvernants et les populations africaines trouve sa justification dans la quintessence de cette puérile assertion autocratique. Le début des années 1990 marque l'entrée de l'Afrique dans une nouvelle vague de transition démocratique. La chute du mur de Berlin a provoqué une certaine décrispation et l'effacement progressif de la méfiance dans le monde due à la guerre froide. De ce fait, de plus en plus de pays africains ont effectué leur transition démocratique amorcée avec le vent du multipartisme mettant ainsi fin au parti unique. La plupart de ces pays africains à l'image de la Côte d'Ivoire, le Benin, le Togo et le Mali sont rentrés aux forceps dans le multipartisme. Les rôles des présidents Maliens Alpha Oumar Konaré et Amadou Toumani Touré(ATT) furent très essentiels dans cette transition malienne aujourd'hui exsangue avec Ibrahim Boubacar Keita Keita face à l'équation djihadiste. Avant eux, Ahidjo au Cameroun et Senghor au Sénégal avaient déjà tiré la sonnette d'alarme au début des années 80 en réussissant les toutes premières transitions pacifiques de passation du pouvoir en Afrique postcoloniale. « *Camerounaises, Camerounais, mes chers compatriotes, j'ai décidé de démissionner de mes fonctions de président de la République.* » disait Ahmadou Ahidjo, le 06 Novembre 1982 au peuple camerounais après 22 ans de pouvoir léguant le fauteuil à son premier Ministre Paul Biya. Ahidjo fut le deuxième président africain en exercice après Senghor à quitter la barque du pouvoir, alors que rien ne l'y avait contraint. Seul Guy Penne, l'homme Afrique de Jacques Foccart pourra nous le dire. Âgé de 74 ans, Senghor annonça sa démission avant la fin de son cinquième mandat le 1er janvier 1981 et assermenta Abdoul Diouf aux mépris des règles élémentaires du jeu démocratique semblable à un autoritarisme absolu.

Le multipartisme étant à la mode à cette décennie et l'ouverture démocratique qui en résultait conséquemment étaient le prix à payer pour non seulement sauver leur régime mais également pour bénéficier des programmes d'aides publiques au développement et d'ajustements structurels octroyés par les institutions de Bretton Woods.

Dans certains pays d'Afrique comme au Benin, ce processus après d'énormes débats se transformant souvent en procès de l'autoritarisme postcoloniale des 20 dernières années a abouti à l'adoption de nouvelles constitutions favorisant une démocratie dont les fondamentaux sont : l'opposition politique, l'existence du pluralisme, la proclamation de droits et libertés, l'instauration progressive de l'état de droit et l'organisation d'élections libres, ouvertes à l'alternance. A l'opposé de Kerekou, Mobutu s'employa à faire échouer la conférence nationale zaïroise aux seules fins de garder le pouvoir alors que l'idéologie autoritaire commençait à s'épuiser. En Zambie, le président Kenneth Kaunda perdit les élections en 1992 suite à l'avènement du multipartisme, mais il accepta sa défaite.

Certes, des perspectives significatives ont été réalisées par de nombreux pays africains. Hélas ! Des obstacles subsistent car pour se maintenir au pourvoir, certains chefs d'État remettent en cause le principe de la séparation des pouvoirs en instrumentalisant soit les institutions ou en modifiant la constitution comme c'est le cas actuellement en Côte d'Ivoire pour se pérenniser au pouvoir ou leur clan. Même si ces derniers temps, la tendance s'inverse dangereusement et les autocrates s'accrochent au pouvoir, pourtant le début de cette nouvelle ère pour l'Afrique avait provoqué un changement de paradigme notamment en matière de : repositionnement de l'Afrique sur la scène internationale, l'explosion des matières premières, l'étroitesse des influences de la guerre froide et des grandes puissances. On ne compte plus les couvertures mettant en avant le développement et la diversification des économies, l'émergence des classes moyennes, l'attitude développementaliste des africains, des atouts qui ont fait de l'Afrique un pôle d'attraction. Selon l'organisation Freedom House, seulement 11% du continent africain serait politiquement libre puisque la démocratie n'a cessé de reculer ces dernières décennies. Les besoins des populations en matière de démocratie sont loin d'être satisfaits soutien la Fondation Mo Ibrahim en matière d'indice de bonne gouvernance. Depuis 19 ans, 18 présidents en Afrique ont réussi à prolonger leur mandat sur un collège d'environ 30 tentatives. En 2019, Abdel Fattah Al-Sissi, nouveau Raïs de l'Egypte en était un exemple. L'ex-maréchal Abdel Fattah Al-Sissi a écrabouillé tous ses opposants afin de devenir le maître incontestable de l'Egypte. Autocrate décrié pour les uns, artisan de la stabilité pour les autres, il a réduit au silence toute opposition significative en seulement quatre années de gouvernance avec à la clé l'assassinat à petit feu de Mohamed Morsi. Jamais Gamal Abdel Nasser, leader du panarabisme, père fondateur de la révolution égyptienne qui renversa la monarchie en 1952 n'avait atteint ce niveau de répression, d'emprisonnement et de bâillonnement de l'opposition. En Côte d'Ivoire, le principe de la séparation des pouvoirs (exécutif, législatif et judiciaire) est régi par la constitution de 2000. Cependant, 60 ans après les indépendances acquises de hautes luttes, Alassane Ouattara a ordonné au Président de l'Assemblée Nationale Soro Guillaume de démissionné pour son refus d'adhérer au RHDP[17]-unifié rappelant le temps du parti unique, ce vieux démon du fonc-

---

[17] Rassemblement des Houphouetistes pour la Paix.

tionnalisme. Il s'exécuta alors même que l'Assemblée nationale de Côte d'Ivoire fut entourée ce jour par l'armée.

En neuf ans d'exercice du pouvoir, Alassane Ouattara a fait modifier la constitution ivoirienne à deux reprises, d'abord en 2016 sous referendum et en 2020 par voix parlementaire à travers une réforme constitutionnelle destinée à le faire partir pour mieux rester. En réalité, le cadre institutionnel et règlementaire qu'il a mis en place assurera à n'en point douter la continuité de son régime par son dauphin contesté Gon Coulibaly qu'il a choisi ou un autre. Bien entendu que celui-ci le nomme vice-président dès son ascension au pouvoir, scenario digne de la roulette russe Poutine-Medvedev. Alassane Ouattara a verrouillé les institutions ivoiriennes au profit du RHDP son clan politico-économique pour une période indéterminée faisant éclater le pouvoir entre plusieurs instances qui lui constituent autant de forteresses pour l'avenir. La Côte d'Ivoire, malgré l'avènement du multipartisme et de la pluralité d'expression démocratique obtenus dans la sueur et le sang des ivoiriens conduits par Laurent Gbagbo, retourne de plein fouet sous le joug du parti unique avec les pléthores de condamnation à 20 ans de prison. Et cela est inhérent à la majeure partie des pays africains. En Tanzanie, le président John Joseph Magufuli, successeur de Jakata Kikweté a été élu le 29 Octobre 2015 suite à une élection regroupant au primaire 38 candidats. Il a été élu sur la base d'un programme de « *reconquête de la souveraineté économique face aux institutions financières internationales* » qui maintiennent l'Afrique enchainée et agenouillée dans une pauvreté extrême et immonde. La preuve, tous les pays africains ont une seule chose en commun : la paupérisation galopante qui mine gravement toute la population africaine du Nord su Sud et de l'Est à l'Ouest. Malgré cette élection reflétant d'un succès démocratique, il réprime l'opposition et censure les médias. Tout comme Alassane Ouattara qui musèle l'opposition ivoirienne en lançant un mandat d'arrêt contre le chef de l'opposition Assoa Adou et tente de maintenir son clan au pouvoir en 2020, en tripatouillant à nouveau la constitution contestée par l'opposition, le président Zambien Edgar Lungu a récemment fait arrêter le chef de son opposition sur de fausses preuves de haute trahison et cherche un moyen de se maintenir au pouvoir au-delà de son troisième mandat.

Au Congo, Joseph Kabila quitta le pouvoir avec un sentiment de fierté à savoir celui d'avoir organisé les élections démocratiques avec les moyens propres du gouvernement congolais, sans appui extérieur faisant de Felix Tshisekedi le 1er Président démocratiquement élu de l'histoire de la passation pacifique du pouvoir en RDC, malgré les jacassements de la communauté dite Internationale. Pour beaucoup, l'alternance politique apparait comme la seule issue capable de sortir les pays africains des gangrènes qui nous minent. Ainsi, lorsque Chirac affirme que *« L'Afrique n'est pas mûre pour la démocratie »* c'est justement grâce au triste constat de l'échec de la politique répressive des colons adaptée et recyclée contre la liberté d'expression des africains. Chirac ventile exclusivement sa peur et celle de toute l'Europe, celle de perdre une Afrique anciennement à leur merci. Une Afrique des chimères chères à la France *« d'outre-tombe »*, en pleine prise de conscience, qui réalise à présent qu'avec l'ouverture démocratique mettant fin aux régimes autoritaires et présidentialistes, dictés et entretenus par l'Europe agonisante, pourra désormais se tourner vers d'autres puissances sans avoir désormais peur de cette hégémonie dont le passé coloniale hante les états africains. Le changement de cap opéré après les propos utopiques de Chirac, ne s'est pas fait attendre. Dès les années 90, la Côte d'Ivoire, la Zambie et le Bénin furent les premiers régimes autoritaires à organiser des élections multipartites. Dans les trois pays, les candidats avaient battu au grand désarroi de la France, les dirigeants en place de la Françafrique. Mais en Côte d'Ivoire, Houphouët Boigny ne céda point le pouvoir à Gbagbo Laurent. En 1994, après le remplacement du régime de la minorité blanche par la majorité, Nelson Mandela candidat de l'ANC[18] fut élu président. Quelques années plus tard, le Ghana, le Kenya et le Malawi leur ont emboîté le pas et organisé des élections qui ont fait changer le pouvoir de main.

---

[18] Africa national Congres

Au final, au milieu des années 2000 tous les grands États africains étaient quand même en paix. Mais, comment peut-on acquérir une démocratie réelle avec une paix durable si même les accords secrets de défenses et de coopérations qui concernent la survie de nos nations embryonnaires, conclus entre la France et nombre de pays africains, sont des accords tellement biaisés en leur faveur, qu'ils sont restés secrets ?

A la différence de l'Europe, ces accords postcoloniaux établis en pleine période de dérives autoritaires et non soumis au vote des populations, sont une omission volontaire selon le Ministre Ahoua Don Melo permettant ainsi d'entretenir l'ignorance des causes profondes de la démocratie « *non-mûre* » et du sous-développement du continent. Selon lui : « *(...) Ces accords coloniaux focalisent les esprits sur des référendums pour voter des constitutions préfabriquées, et sur le vote des Présidents qu'on peut étouffer financièrement ou débarquer à tout moment lorsqu'ils s'écartent du chemin de fer de l'UE-ACP au nom des droits de l'homme.* » L'Afrique n'est pas mure pour la démocratie, parce qu'elle est enchainée, étranglée, étouffée et ostracisée par cette gangrène névralgique qu'on appelle l'Eurafrique père géniteur de la françafrique, incarné dans les accords UE-ACP hérité des indépendances factices avec des présidents fantoches, usant de régimes autoritaires.

L'Afrique est non seulement nue, mais elle est aussi vulnérable, car elle est désarmée face aux OPA des puissances étrangères nous imposant leur diktat. De fait, la démocratie est niée aux Africains. Le politique européen cherche à tout prix à créer une dichotomie entre les diversités culturelles, ethniques et démocratiques. Disons-le tout court, la diversité ethnique en Afrique constitue avant tout une richesse pour notre continent et n'est pas en soi un problème. Cependant, l'utilisation de cette diversité ethnique par les politiques qui font la pluie et le beau temps, qu'ils soient africains ou occidentaux, au nom du vieux principe du "*Diviser pour régner*", c'est cela même la problématique de la démocratie en Afrique. Les dirigeants français croient que leur pays possède un système démocratique assez puissant et sont à même de donner des leçons aux autres. Pourtant la crise des gilets jaunes, tout comme la pandémie du COVID-19, nous démontrent le contraire. La France démocratique est agonisante dans un engrenage frisant la monarchie constitutionnelle déguisée à l'état dégénéré très avancé. Un jour ou l'autre, l'Etat de droit en Afrique sera érigé par les Africains eux-mêmes surtout que cette prise de conscience des sociétés civiles africaines pour l'alternance démocratique est engagée comme c'est le cas en Algérie, Au Soudan, en Mauritanie etc… Les propos de Chirac sont des alibis pour maintenir encore l'Afrique sous tutelle européenne, car l'alibi de la domination des économies et politiques des pays africains, tombait avec la chute du mur de Berlin. Faute donc de justificatif idéologique, il faille user du terme de manque de démocratie pour afficher l'irresponsabilité et l'immaturité des états africains qui doivent demeurer sous l'aile de « *Papa* » Europe.

Mais l'Afrique commence à comprendre qu'elle n'avait pas réellement profité de son indépendance et que des changements désormais de paradigme s'imposent en matière de relations tierces.

III.2 : LA PARTICULARITE AFRICAINE DE LA DEMOCRATIE :

En Afrique, on a tendance à croire que la démocratie se limite aux élections libres et transparentes. L'Africain se borne seulement à des élections libres et équitables de façade mais truquées d'avance ou le vote du citoyen qui se croit libre est volé a des fins propagandistes. La spécifié de la démocratie en l'Afrique est qu'elle est réduite seulement aux élections constituant à coup sur un blocage majeur à l'atteinte de plusieurs facteurs parmi lesquels les objectifs du millénaire pour le développement, notamment en matière de réduction stratégique de la pauvreté. La démocratie en Afrique nous a été importée et imposée aux forceps créant un choc d'acculturation. Cette démocratie nouvelle pour nous ne nous permet pas de bénéficier à travers ce mimétisme des fruits de la croissance. Car les européens ont toujours su que si la démocratie au sens vrai du terme s'installe en Afrique, les colonisés deviendront les maitres des colonisateurs. C'est pourquoi, dans leur politique d'aliénation de l'africain, l'occident refuse la transparence non seulement électorales mais également dans les accords de coopération voilant en majeure partie le système de passation opaque des marchés publiques en Afrique. Ils se sont auto-persuadés selon François Xavier Verschave que l'Afrique reste et demeure le pré-carré inconditionnel de toutes sortes de compro-missions ou les coups bas, les coups d'état, les meurtres, les mani-pulations, les gabegies et mascarades électorales sont commis en toute impunité. L'homme européen fait croire que l'africain n'est pas encore prêt pour la démocratie à l'occidentale, afin de le main-tenir dans un état d'assistanat chronique et permanent à travers une oligarchie clientéliste. Depuis longtemps, les occidentaux nous ont trahis en nous présentant la mauvaise face de la démocratie. Cette face de la démocratie préservant rien que les intérêts mesquins et égoïstes de leur sérail. Ils nous ont sanglés dans un autoritarisme congénital aux apparats décousus sur les côtés privilégiant leur funeste vision du monde de porteur de civilisation. Pourtant la dé-mocratie a toujours existé en Afrique bien avant l'arrivée des blancs, mais sous d'autres formes car c'est en Afrique précisément en Egypte que le Grec Solon (640 à 558 av. J.-C.), père de la dé-mocratie connut l'égalité entre être humain. Il ramena cette décou-verte en Europe. La culture de la démocratie à l'occidentale est très incohérente et incompatible des réalités des communautés afri-caines. C'est pourquoi, le mode de gestion tributaire des traditions africaines doit s'exporter au niveau national afin de créer une co-hésion nationale basée sur un consensus national soubassement de l'Etat-nation. Dans une moindre mesure, dans certains pays afri-cains, il existe une associativité des autorités traditionnelles et les gouvernants. Mais, la confluence est assez faible pour intégrer le principe véritable découlant de l'Etat-nation. En Afrique, il existe plusieurs groupes ethniques. Parmi les diverses tribus africaines, il existe des assemblées communautaires villageoises composées de classe d'âge où l'alternance du pouvoir est réglée par un système de rotation entre les différentes générations. Les Krous en Côte d'Ivoire, les Ibo au Nigeria, les tutsis au Rwanda, les ashantis au Ghana, tout comme les Zulu en Afrique du sud ont toujours appliqué ce principe régissant leur communauté avec une certaine singularité due à leur réalités socioculturelles. Ces groupes communautaires connaissaient déjà un mode désignation de leurs Rois, chefs coutumiers et notabilités villageoises. Même, si cela ne se déroulait pas par des élections libres et transparentes, au demeurant, le mode du consensus était adopté par tous. Ce n'est pas parce qu'il n'y pas d'élections que la désignation de l'autorité villageoise par consensus n'est pas démocratique. Bien au contraire, cette spécifié démocratique à l'africaine à l'inverse de la démocratie occidentalisée incompatible avec nos US et coutumes trouve son fondement dans les principes communautaires caractéristiques du particularisme des traditions africaines. Sauf qu'en Europe, là-bas, l'unité économique et sociale de base démocratique est l'individu, alors qu'en Afrique, l'unité de base est la famille et dans une certaine mesure la communauté. La démocratie occidentale encourage l'enrichissement personnel au détriment de la collectivité parce qu'elle est axée sur un capitalisme clientéliste. Le capitalisme favorise la création de classe riche et pauvre, fruit de la méfiance sociale favorisant la haine, la division et les conflits. Raison pour laquelle l'Afrique baigne dans la paupérisation galopante sous perfusion avec la pensée unique du maitre à penser. Dès à présent, nous devons opter pour une démocratie à l'africaine qu'on appellera « Afrocratie » prenant en compte les ressources traditionnelles des populations africaines exclues du jeu démocratique créant ainsi des frustrations. L'Afrique ressent le besoin vital de créer la démocratie à l'état-nation fondée sur un modèle réfléchi prenant en compte tous nos aspects culturels authentiquement démocratiques émanant de nos Royaumes, villages et campements. Cette démocratie à l'état-nation brisera les frontières entre le politique et le culturel tout en consolidant « *le consensus national* ». Le seul remède à cela est la création sans plus tarder d'Etat-nations qui confondra les limites politiques et culturelles des peuples pour un meilleur vivre ensemble, sans barrières, en toute brisure des méfiances. Le président Laurent Gbagbo a toujours dit que toute forme de don est une compromission. Même s'il ne l'est pas aujourd'hui, il le sera certainement demain. Ce qui revient à dire que le don forcé de la démocratie à l'Afrique de la part de l'Europe était une sorte de corruption et de compromission, nous maintenant absolument et contre notre bon vouloir dans le principe de la reconnaissance.

Chapitre IV

Instabilité politique et perspectives démocratiques

Lorsque le Président Laurent Gbagbo à l'ouverture de son procès à la CPI a dit : « *Madame la juge, je suis ici parce que j'ai respecté la Constitution de mon pays* » beaucoup ne l'ont certainement pas compris. Cette parole du Président Laurent Gbagbo démontre qu'il est en prison parce qu'il a voulu respecter le jeu démocratique en Côte d'Ivoire en usant de la constitution. En effet, la plupart des instabilités politiques en Afrique arrivent parce que certains élus ou candidats véreux en concubinage incestueux avec une certaine oligarchie clientéliste ne respectent pas les principes fondamentaux sur lequel repose le jeu démocratique surtout en matière d'élections.

L'Afrique est la foire de nombreuses crises et guerres favorisant non seulement des déplacements massifs de populations, mais également des nombreuses violations des droits et libertés dont sont victimes les populations vulnérables y compris les gouvernants eux-mêmes. Pour mettre fin donc à ces instabilités récurrentes découlant du manque de responsabilité de nos dirigeants, les gouvernements des états africains ont adopté le 28 octobre 1981 une Charte africaine des droits de l'homme et des peuples.

Malgré cela, les instabilités demeurent. Pourtant, L'objectif majeur de cette charte était de définir une bonne corrélation entre régionalisme et universalisme notamment en matière de droits de l'homme par la mobilisation de ressources institutionnelles garantissant le respect fondamental des enjeux démocratiques.

IV.1 : INSTITUTIONNALISATION ET MOBILISATIONS : ELECTIONS, PARTIS ET CONTESTATIONS

En Afrique, rares sont les pays qui ont adopté la Monarchie parmi lesquels le Maroc, dirigé par Mohamed VI. La politique du Maroc s'inscrit dans une monarchie constitutionnelle dotée d'un parlement élu. Par contre les autres pays d'Afrique ont adopté des régimes démocratiques. L'un des facteurs clé, garant de la bonne marche de la démocratie surtout en Afrique sont les élections. Le plus important pour le succès d'élections en Afrique serait la mise en place d'une commission électorale non partisane, consensuelle et équitable. A cela, il faudrait ajouter une bonne sécurisation des scrutins, la présence d'observateurs électoraux impartiaux locaux ou internationaux, l'accessibilité aux médias de tous les partis politiques de façon équitable en matière de temps d'antenne. Aussi, les candidats des partis politiques engagés dans les élections doivent jouer franc jeu. Même, souvent pris en compte, ces facteurs ont montré leurs limites. Une part active de la société civile à l'organisation des scrutins doit être de mise car une bonne santé économique en Afrique s'exprime très souvent par l'organisation d'élections apaisées. Mêmes, si elles ne sont pas toutes libres et équitables elles permettent aux populations de ressentir un semblant de liberté au demeurant entachés d'irrégularités. Ces irrégularités sont dues non seulement au choix politique des dirigeants qui ont adopté un système politique importé ne maitrisant pas tous les contours, mais également des populations manipulés (bétail électoral) et souvent complices qui aspirent pourtant à la liberté. La plupart des pays d'Afrique se sont dotés d'institutions « *copié-collés* » chargées de l'organisation des élections à l'image de la commission électorale Indépendante en Côte d'Ivoire(CEI), Election Cameroun au Cameroun (ELECAM), CENI au Congo, Commission Électorale Nationale Autonome Permanente(CENAP) au Gabon, ou encore Commission Nationale Indépendante en Guinée. Dans certains pays, c'est le Ministère de l'intérieur qui organise les élections. Les responsables de ces institutions chargées de l'organisation des élections, du contrôle et de la proclamation des résultats sont pour la plupart nommés par le pouvoir en place. Alors que leur nomination doit se faire de façon consensuelle, afin de dissiper toutes velléités de contestations des résultats. En ce sens donc, les dés sont déjà pipés dès le début, car certains responsables d'institution ayant déjà un parti pris, appartiennent au pouvoir en place ou sont des proches du chef d'Etat en exercice. Alors qu'en principe, ils se doivent d'être indépendants, afin de garantir une bonne transparence électorale basée sur des règles démocratiques dont les fondamentaux sont l'égalité et la liberté. C'est aussi un frein majeur impactant la transparence démocratique dans nos pays en quête permanente de liberté. Il existe une forte corrélation entre la croissance et l'instabilité politique mettant en exergue l'existence d'une certaine vulnérabilité des pays instables dans la dynamique des relations internationales surtout en matière de financement. Souvent en mal, l'émergence de tout pays est liée à la stabilité politique et aux orientations politiques de ses gouvernants qui garantissent une certaine stabilité aux investisseurs. L'instabilité politique provoque l'effondrement de tout gouvernement. Qui dit élection dit développement et qui dit développement dit bonne gouvernance donc bonne santé économique. Détrompons-nous, toute croissance économique est étroitement liée à une bonne gouvernance. L'instabilité entraine la fuite des capitaux. C'est pourquoi, il existe une charte africaine de bonne gouvernance. Tout pays avec une probabilité élevée d'effondrement gouvernemental réalise un taux de croissance économique faible traduisant une mauvaise gouvernance due certainement à la corruption, à la guerre, aux crises interethniques, aux pandémies, à la confiscation des libertés collectives et individuelles. Des élections mal préparées ou manipulées débouchent souvent sur des violences postélectorales comme ce fut le cas en Côte d'Ivoire en 2011 ou encore au Gabon en 2015 bloquant le processus démocratique et le dialogue entre les acteurs politiques. En côte d'Ivoire, alors qu'on attendait les résultats de l'élection ou le premier tour s'était déroulé sans grands incidents dans un pays divisé, les ambassadeurs des USA et de la France ont kidnappé Youssouf Bakayoko, le Président de la CEI et l'ont envoyé de force au Golf Hôtel, QG de campagne d'un candidat en l'occurrence Alassane Ouattara. Détenu manu militari dans cet hôtel, il déclara sous certification de l'ONU, le candidat Ouattara vainqueur alors même que le délai imparti à la CEI était expiré rendant cette institution forclose. La cour constitutionnelle seul organe habilité à proclamer le vainqueur des élections en Côte d'Ivoire selon la constitution, dirigée par le Président Yao Paul Ndré s'est saisie du dossier et après l'examen des recours déposés par la Majorité présidentielle proclama Laurent Gbagbo vainqueur. La crise postélectorale qui s'en est suivie après l'annonce de la victoire de Gbagbo suite à la protestation du camp du RHDP a provoqué la guerre civile. Les contestations pre-électoralistes et post-électoralistes en Côte d'Ivoire en plus de la rébellion armée qui a frappé la Côte d'Ivoire en 2002 avaient fait en réalité près de 30.055 morts seulement dans les régions du Cavally et du Guemon à l'ouest du pays selon le Ministre Hubert Oulai. Dans la ville de Duekoué ou la guerre fut très meurtrière, 14.000 civiles ont été tués par les forces pro-Ouattara appuyées par l'armée Française et les forces des nations Unis. Le camp de réfugiés des Nations Unis à Nahibly qui contenait 5.000 réfugiés a subit un an après la chute de Laurent Gbagbo le courroux des chasseurs traditionnels communément appelé « Dozo » qui saoulés à « l'odonthol » ont mis ce camp à feu et à sang sous le regard complice et coupable des forces onusiennes. Au Gabon, la victoire d'Ali Bongo fut également-ment contestée par l'opposition dirigée par Jean Ping qui s'est autoproclamé président tout comme Ouattara en Côte d'Ivoire. Ali Bongo fut élu avec 49,80% des voix selon le procès-verbal de la Commission Électorale Nationale Autonome Permanente(CENAP) du Gabon, le mercredi 31 Août 2016 à 16h57. Contre toute attente, à 19h03, après l'Union Européenne (UE) quelques heures plus tôt, c'était au tour de la France par l'entremise d'Alain Jupé le Ministre des affaires étrangères de demander la publication des résultats de tous les bureaux de vote. Alain jupé par une ingérence digne d'une autre époque porta l'affaire devant l'UE. Le candidat malheureux Jean Ping ira plus loin en demandant le recomptage des voix bureau de vote par bureau de vote, alors qu'au moment ou il était encore président en exercice de la commission de l'Union Africaine (UA), il avait refusé tout comme l'ONU et la France, le recomptage des voix demandé par le Président Gbagbo auprès de L'UA en 2011. La françafrique et Monsieur Jean Ping se sont retrouvés devant leurs propres contradictions, victimes de leur propre jurisprudence. En Afrique, c'est la mauvaise fois chosifiée des présidents des partis politiques, des laquais, des opposants, de certains gouvernants et la main opaque des réseaux mafieux occidentaux qui refusent de prendre leur responsabilité en tout respect du jeu démocratique lors des élections, qui sont à l'origine des contestations et conflits postélectoraux créant l'instabilité politique.

Alors qu'une démocratie ne peut prospérer que si les dirigeants, les citoyens exerçant leur droit de vote s'approprient le processus politique à commencer par les élections, comme une responsabilité, comme un devoir. L'homme africain objet de manipulation à des fins électoralistes ne croit plus véritablement à la démocratie dont il pense que c'est un leurre. Pour tout africain lors d'une élection, leur choix électoral est bafoué aux profits des occidentaux qui exercent des influences sur le scrutin dans l'optique d'installer des présidents fantoches à leur solde afin de mieux piller leur ressource. Au Togo, des civils sont passés à chaque manifestation à tabac par des soldats de Faure Eyadema, parce qu'il n'y a pas d'institution solides pouvant garantir et défendre leur liberté dont le droit à la manifestation et au vote. En fait, de nombreux pays africains n'ont toujours pas d'institutions suffisamment solides pour défendre la démocratie et la participation citoyenne. Les contestations lors des scrutins électoraux sont exercées par des forces endogènes et exogènes, qui par leurs activités fragilisent la constitution et empêchent le bon fonctionnement démocratique des institutions. Quand même un ancien président de la République du Congo, Pascal Lissouba déclare qu' « *on n'organise pas des élections pour les perdre* », alors les contestations ont droit de citer.

La paix en elle-même n'est pas le principal problème en Afrique, mais c'est la gouvernance politique et économique. Alors que la mise en place d'organismes de gouvernance économique passe nécessairement par la stabilité et pas forcément par la démocratie. En 39 ans, sur 180 cas de mode de succession violent au pouvoir en Afrique, seuls 13 cas se sont faits suite à des élections donnant lieu à une stabilité politique. Alors que 101 cas se sont manifestés par coup d'Etat, guerre ou invasion. En effet, en l'absence de mécanismes transparents de succession acceptés par tous les acteurs et du respect des règles du jeu démocratique, le mode d'alternance se fait souvent par la violence comme ce fut le cas en Algérie, au Soudan et au Congo. En République Démocratique du Congo (RDC), le président sortant Joseph Kabila à travers une élection contestée et réprimée dans laquelle l'occident avait pour candidat Martin Fayulu, a su maintenir une stabilité politique en faisant respecter le choix du peuple qui est Felix Tshisekedi, alors que lui-même avait comme candidat Emmanuel Shabadary. Kabila a réussi la première transition pacifique du pouvoir au Congo là ou les congolais attendaient une alternance. Malgré les intimidations et les appels à manifester afin de provoquer le Chaos dans le pays comme en Côte d'Ivoire, les congolais sont restés solidaires. Cette solidarité agissante a tellement si bien payé, que même le ministre Français des affaires étrangères Jean Yves Ledrian, qui hier s'opposait à cette victoire en saisissant le conseil de sécurité de l'ONU, reconnut depuis le 20 Mai 2019 cette réussite afro-africaine en ces termes : « *Il y a eu une vraie élection démocratique, je la constate, validée par la Cour constitutionnelle et validée par l'Union africaine*, laissa-t-il entendre et continua, *le président Macron m'a demandé de saluer toutes les initiatives prises par le président Tshisekedi dans le domaine de l'Etat de droit". Le fait d'avoir ouvert les procédures démocratiques (...), le fait d'avoir accueilli des personnalités de l'opposition, le fait d'avoir retrouvé par ailleurs le chemin de l'Europe...Tout cela contribue à une alternance, que nous tenions à saluer* ». Il a tenu ces propos au sortir de la première audience officielle que lui avait accordé le président Félix Tshisekedi. Visiblement, ayant perdu la main et refusant d'être hors-jeu, la France veut rectifier le tir. En Guinée Conakry, après 52 années de dictature, Alpha Condé, un opposant de longue date est devenu le premier président démocratiquement élu depuis l'indépendance.

Des élections se sont aussi bien passées sans grands heurts dans quelques pays africains malgré la longévité de leur président respectif : Obiang a été réélu en Guinée équatoriale, Déby au Tchad, Sassou-Nguesso au Congo-Brazzaville, Museveni en Ouganda ou encore Omar Guelleh à Djibouti. Même dans les pays qui ne sont pas véritablement démocratiques comme en Libye, tant qu'il y avait de la stabilité, les affaires marchaient bien avec Kadhafi. Même si la stabilité de longue durée repose sur la démocratie, la Libye en était une exception jusqu'à l'assassinat de Kadhafi. En Mauritanie, un coup d'Etat militaire fut perpétré en 2008. L'UA et la CEDEAO l'avaient toutes deux condamné. Mais, un an plus tard, pourtant le général qui a dirigé le putsch a organisé des élections présidentielles qu'il a remporté hauts les mains. La plupart des observateurs africains et autres observateurs étrangers avaient jugé les élections transparentes. La communauté internationale autoproclamée a entériné ce processus. N'est-ce pas là, le signe qu'il suffit à un putschiste de s'accrocher coûte que coûte au pouvoir par le biais des élections pour avoir toutes les chances de s'en tirer en étant traité de démocrate? La communauté internationale pour ses intérêts mesquins et égoïstes en brandissant la paix comme alibi, rame à contre-courant de la démocratie dans les pays africains en mettant en exergue leur politique du « *diviser pour mieux régner* » afin de mieux piller nos ressources. Il est clair que la forte déstabilisation des institutions, le manque de transparence électorale, le changement permanent de régime en Afrique, ne permettent pas de garantir la stabilité et le développement facteur de croissance.

IV.2 : LES ELECTIONS EN AFRIQUE SUFFISENT-ELLES A GARANTIR UNE BONNE PRATIQUE DEMOCRATIQUE ?

Plusieurs élections multipartites dans les années 2000 ont été organisées dans 49 pays en Afrique. Dans ce continent, nous le savons tous, chaque période électorale est un moment de haut risque qui menace la stabilité politico-économique. A telle enseigne que pour l'africain lambda, la démocratisation de la vie publique se limite à des élections. Or Chaque instabilité politico-économique à l'entame des élections menace non seulement la paix sociale, mais également la pratique et l'instauration de la bonne gouvernance. Elle constitue donc une arme de destruction massive du développement. Même si la démocratie électoraliste paraît implantée dans nombre de pays africains au moins sous une forme partielle, il faudrait bâtir des institutions fortes basées sur un nouveau système susceptible de crée la cohésion nationale en confortant tous les acteurs des processus électoraux dans une sérénité pluraliste souhaitable, prenant en compte l'ensemble des intérêts de tous.

En effet, un regard d'ensemble sur les élections dans ce continent révèle avant tout des dérives qui amenuisent fortement les avancées démocratiques consolidées depuis la chute du mur de Berlin. Il faut le dire tout court, les élections en Afrique ne garantissent forcement pas une bonne pratique de la démocratie, mais elles participent d'une manière significative avec beaucoup de limites à la construction de la démocratie. Sachons que les élections ne s'expriment pas seulement qu'en démocratie.

Même les monarchies comme le Maroc s'adonnent au jeu des élections. Les législatives de 2016 ont été marquées par une forte abstention et des accusations de fraudes. Le Parti justice et développement (PJD) du premier ministre Abdelilah Benkirane avait obtenu 125 députés contre 102 à son principal rival, le Parti authenticité et modernité (PAM, libéraux) sur un total de 395 sièges. Tout comme au Maroc, plusieurs scrutins organisés ces dernières années dans des pays africains ayant épousés la démocratie, ont été marqués par des violences postélectorales ainsi que d'importants soupçons de fraudes.

L'un des scrutins les plus récents est celui de l'Afrique du Sud, en date du 08 Mai 2019, l'une des plus grandes puissances africaines baignant dans la corruption et le népotisme. Même, si L'ANC a remporté le scrutin avec un record en baisse, 18 petits partis politiques ont quand même déposé plainte pour fraudes électorales massives. Lors des scrutins organisés au Kenya le 08 Aout 2017, la Cour suprême kényane avait invalidé l'élection présidentielle remportée pourtant par le chef de l'Etat sortant Uhuru Kenyatta, puis avait ordonné la tenue d'un nouveau scrutin avant 60 jours. Le scrutin s'était finalement déroulé en Novembre 2017 et non en Octobre 2017, car le candidat de l'opposition Raila Odinga on se souvient, qui avait intimé à Gbagbo de rendre le fauteuil présidentiel en Cote d'Ivoire, avait boycotté le scrutin en l'absence d'une refonte de la commission électorale. La Cour suprême du Kenya avait finalement validé la victoire d'Uhuru Kenyatta en rejetant les deux recours demandant l'invalidation de la présidentielle d'octobre.

Les affrontements lors de ces élections entre les partisans des deux candidats avaient fait au moins 27 morts en 2017, alors que les affrontements postélectoraux de 2007-2008 avaient causé la mort d'au moins 1 500 personnes et le déplacement de centaines de milliers d'autres. Au Zimbabwe, malgré la démission aux forceps de Robert Mugabé et la mort avant les élections de Morgan Tsvangirai, l'adversaire historique du régime de l'ex-président Robert Mugabe, des tensions ont éclaté après l'annonce des résultats partiels des élections présidentielles et législatives historiques par la commission électorale (ZEC) donnant 144 sièges (et la majorité de la chambre basse) à la Zanu-PF, le parti au pouvoir depuis 40 ans, contre 61 sièges pour le MDC (Mouvement pour le changement démocratique) de Nelson Chamisa. Emmerson Mnangagwa (ZANU-PF) l'a remporté de justesse au premier tour sur fond de soupçons de fraudes. Trois personnes avaient trouvé la mort à Harare lors des violences postélectorales opposant les forces de l'ordre aux partisans de l'opposition.

Au Kenya, au Zimbabwe, en Côte d'Ivoire, au Gabon et au Congo RDC comme en Mauritanie, les élections ont eu tendance à affaiblir les institutions. Certains donneurs d'ordre se croyaient aux dessus des institutions souveraines des états souverainistes. En Côte d'Ivoire, Choi le représentant de l'ONU a pris sa certification des élections comme la proclamation officielle des résultats des élections de 2010. Au Gabon, Jean Ping s'est autoproclamé en flagrant délit de violation des institutions et du jeu démocratique conduisant à un affrontement faisant plus de 50 morts et de nombreux disparus. Au Congo, la conférence épiscopale s'est permise de donner des ordres aux institutions régulant les élections en leur demandant même le recompte des voix tout comme la France, L'UE et l'Union Africaine. En Afrique, des milliers de personnes meurent chaque jour. Ces morts sont liés à plusieurs facteurs parmi lesquels les pandémies, les conflits, la pauvreté et les crises postélectorales etc. Ce qui est fort surprenant, c'est que les plus grands nombres de morts sont constatés dans les pays africains qui ont adopté pour la plupart des régimes dits démocratiques.

Donc, nous nous demandons si la démocratie en Afrique est faite pour nous envoyer à la morgue ? Le système électoral hérité de la colonisation en Afrique n'a aucunement contribué à une consolidation de la démocratie bien au contraire, il n'a été qu'une façade permettant le maintien d'élites à la solde des occidentaux, voire un vecteur d'instabilité dans des contextes historiques et culturels. Les élections sont incontestablement dysfonctionnelles sur tout le continent africain. Car elles sont en majeures parties entachées d'irrégularités d'une manière ou d'une autre.

La démocratie occidentale a montré ses limites en Afrique surtout qu'elle est inadaptée aux africains. Elle nous trahit chaque jour avec son corolaire de pauvreté et de pression tous azimuts. Cette démocratie occidentalisée a montré ses limites au Venezuela ou les occidentaux ont reconnu Juan Gaido, président autoproclamé comme le président du Venezuela en tout mépris des règles de la démocratie. C'est pourquoi les élections seules ne peuvent suffire pour garantir la démocratie en Afrique.

Plusieurs autres facteurs doivent être pris en compte. Les élections surtout présidentielles en Afrique sont soumises à un effet de pression de la communauté internationale et en particulier des bailleurs de fonds qui conditionnent l'aide au développement à l'exercice démocratique du pouvoir. Les crises pendant les élections suscitées par des méthodes électorales frauduleuses constituent le point de départ des agissements malsains de la mainmise occidentale. Ces crises partent des divisions institutionnelles, car pour eux, le vainqueur d'une élection en Afrique est toujours leur pion. Il est déclaré démocrate et gagnant quels que soient les résultats des urnes et les massacres qu'il commet. Les missions internationales d'observation des élections, quant à elles, viennent en Afrique pour suivre la transparence des scrutins avec pour la plupart des conditionnalités.

La tendance de l'observateur occidental à jauger les élections « d'ailleurs », répond exclusivement à un idéal de satisfaire les exigences des donneurs d'ordre et non des peuples. La démocratie représentative ayant montré ses limites même dans les plus grandes démocraties au monde, il faut une mise en place d'un nouveau système en accord avec les réalités de chaque pays au travers d'institutions locales. Il est bien vrai que personne ne pourra prétendre savoir ce que sera le produit fini, mais les nations africaines de ce millésime doivent absolument trouver un nouveau souffle. La culture politique et les modes de participation du citoyen à l'élection paraissent encore embryonnaires et éloignés de l'idéal démocratique surtout en Afrique. Les appartenances ethniques, religieuses, régionales semblent parfois déterminer le vote dans certains États.

« L'Afrocratie » de ce pas apparait comme une solution idéale commune. Elle consistera à mettre en place un système politique circulaire, qui brisera les barrières entre le politique et les frontières communautaires dans l'optique de créer un état-nation, qui donnera la chance à tous. Elle impliquera le citoyen lambda de façon directe à prendre une part active dans la quête d'un consensus national notamment en matière de choix des leaders et du contrôle de ceux-ci. Son rôle majeur sera de remettre l'homme au centre de toutes les questions qui concernent la société pas en divisant, mais en additionnant à l'inverse d'une démocratie représentative adossée sur des élus issus du capitalisme, qui crée la division, la contestation et l'accentuation de la paupérisation de masse. Un élu issu de ce système direct sera contrôlé par le peuple, qui définira lui-même ses propres règles à travers la rédaction d'une constituante permettant de contrôler les dirigeants et de mettre fin à leur mandat si possible en cas de manquement grave aux règles qui régissent ce système. Dans ce système, ce sera les citoyens qui écriront leurs propres lois et s'érigeront en contrôleur des gouvernants en trouvant des mécanismes de contrôle et d'appréciation du travail des élus. Tous les pouvoirs (exécutif, législatif et judiciaire) seront contrôlés directement par les citoyens y compris tous les accords secrets de coopérations et de partenariats stratégiques, qui ont été tous signés sans consultations aucunes des populations concernées. Un peuple souverain doit lui-même écrire sa constitution et avoir un moyen de contrôle sur ses représentants. De cette seule condition que nous proposons ici, résultera l'universalisme prenant en compte des souffrances collectives au détriment de l'individualité.

Chapitre V

Analyse de la conflictualité africaine contemporaine

V.1 : CAUSES ET DYNAMIQUES DES CONFLITS EN AFRIQUE

Toute l'Afrique est minée par des conflits intempestifs, qui créent la misère et la paupérisation galopante sur tout le continent. Les cas du Darfour, du génocide Rwandais, de la Libye, de la Côte d'Ivoire, de la Centrafrique, du Mali, du Cameroun semblent conforter cette perception. L'Afrique est devenue la zone du monde la plus touchée par les crises qui débouchent souvent sur des conflits armées. De 1960 à 1999, sur 180 cas de mode de succession violent au pouvoir en Afrique, 101 cas se sont manifestés par coup d'Etat, guerres ou invasions. Entre 1962 et 2019, 22 Chefs d'Etats Africains ont été assassinés au pouvoir. Subséquemment, 44 mouvements sécessionnistes en Afrique sont membres de l'Organisation des pays africains émergents(OEAS) basée aux USA. Ces 44 pays africains sont susceptibles d'être divisés par les occidentaux à travers kilimandjaro capital, partenaire de cette organisation non-gouvernementale basée à Washington DC. Tous les pays et gouvernements africains émergents qui soutiennent la déclaration de Washington sont les bienvenus selon leur mode de fonctionnement. Les pays africains ont adopté en majeure partie les régimes à démocratie importée comme mode de gouvernance non adapté à nos US et Coutumes. Ces conflits récurrents et à résurgence en Afrique, sont bien les preuves du cuisant échec de la prévarication démocratique de nos états.

La persistance des conflits armés et la résurgence des coups d'État dans certains pays minent gravement la transition démocratique en Afrique. Pourtant, à l'orée des indépendances un vent de liberté avait soufflé partout en Afrique suivi d'une deuxième indépendance en 1990 à l'avènement du multipartisme. L'une des causes immédiates issue de l'analyse contemporaine de la conflictualité en Afrique demeure l'héritage colonial. En effet, la dynamique de décolonisation et la période postcoloniale ont bien évidement favorisé un champ plus large et fertile aux conflits et instabilités politiques. L'Afrique a hérité non seulement d'une balkanisation inadéquate suscitant des velléités séparatistes, mais également d'une démocratie importée. Le traçage des frontières territoriales intra-africaines a favorisé une déstructuration des sociétés africaines préexistantes. Les Ashantis se sont retrouvés divisés entre Ghanéens et ivoiriens. Les Dagaras ont été divisés entre Ghanéens et Togolais tout comme les Haoussas du Nigeria.

L'instrumentalisation de l'ethnicité dans les conflits comme on peut le voir est d'une importance majeure. Si le premier cas traite de clivages externes, il existe aussi des clivages internes interethniques. C'est le cas au Sénégal avec la Casamance, au Congo avec le Katanga ou encore au Nigeria avec la sécession biafraise qui a fait des milliers de morts. Au Soudan, la rivalité conflictuelle a opposé le sud chrétien et animiste sous la conduite de John Garang, leader du *South People Liberation Army* (Armée de libération du Sud-Soudan), aux forces régulières soudanaises. Aujourd'hui nous avons le Soudan d'El Béchir, qui vient de tomber grâce à une mobilisation populaire et le Soudan du Sud cogéré par Salva kiir et Riek Machar. En côte d'ivoire, sous Houphouët Boigny, les baoulés étaient les plus privilégiés, tout comme les ressortissants du Nord le sont sous Ouattara. Ils occupent la majeure partie des postes dans l'administration et sont les plus avantagés dans les concours de la fonction publique et appels d'offres. Certains groupes ethniques plus privilégiés que d'autres sont une triste réalité partout en Afrique. Au Cameroun, le populisme ethno-tribal est en plein effervescence. Le cas du Rwanda entre les hutus et les Tutsis, qui a fait plus de 1 million de morts est la preuve palpable que l'ethnicité joue un rôle majeur dans l'instrumentalisation des conflits en Afrique. L'ethnicité est une bombe tribale explosible à tout moment sur laquelle jouent les occidentaux en Afrique à travers des études anthropologiques et ethnologiques des communautés africaines, afin de mieux nous déposséder de nos richesses.

L'Afrique a été balkanisée. Cela a détruit pleins de repères culturels et sociaux. Cette balkanisation faite par des personnes étrangères à l'Afrique a contribué à diviser fortement les populations autochtones dont certains ont été rattachés à de grands ensembles qui leurs étaient étrangers. En Afrique de l'Ouest, par referendum, le Togo Britannique depuis 1956 fut rattaché au Ghana ce qui provoque jusqu'à présent des velléités sécessionnistes des Dagaras au Ghana. D'ailleurs vingt d'entre eux ont été mis aux arrêts au mois de mai 2019 à l'Est du Ghana. Au Cameroun enclin à des velléités sécessionnistes, les anglophones se sont vus rattachés à la zone francophone lors du référendum des 11 et 12 février 1961. La zone francophone du Cameroun a été indépendante en janvier 1960, alors que la zone anglophone, l'a été en 1961. La République du Cameroun fête chaque 20 Mai la fête de l'unité. Cette double indépendance acquise amène les gouvernants à ne célébrer que la fête de l'unité le 20 Mai et à décorer les militaires en caserne le 1er Janvier. La plupart des pays africains ont acquis leurs indépendances dans la sueur et le sang sur les champs de batailles à leur corps défendant. La guerre d'Algérie qui a eu lieu en 1954 fut le catalyseur des guerres d'indépendances en Afrique. Même après l'acquisition des indépendances, certains pays africains ont connu des guerres frontalières à l'image du Mali et le Burkina Faso, le Tchad et la Libye, le Cameroun et le Nigeria, la Somalie et l'Éthiopie etc. Comme nous l'avons expliqué dans les chapitres précédents, la politique démocratique hérité de la colonie érigée en système autoritaire avec ses accords de coopérations secrets dans plusieurs pays africains est l'une des causes majeures des conflits en Afrique. La démocratie en tant que telle n'est qu'une utopie nous faisant croire que nous sommes libres et égaux les uns des autres. Alors qu'aucun africain ne se sent vraiment libre sur le continent. C'est une liberté de façade qui dès qu'elle est égratignée révèle sa face cachée. Le mode de conquête du pouvoir en Afrique exacerbé par des luttes pouvoiristes très souvent se fait

par coup d'état ou part des élections violentes. La crise postélectorale en Côte d'Ivoire entre Laurent Gbagbo et Alassane Ouattara,
qui a fait selon le Ministre Hubert Oulai prés de 30 055 morts seulement dans l'ouest du pays, était en réalité une crise entre un
candidat souverainiste et un candidat à la solde des puissances
étrangères. Elle est survenue suite au refus d'Alassane Ouattara de
reconnaitre la victoire de Laurent Gbagbo. La plupart des gouvernants qui arrivent au pouvoir sur le continent à la différence de
Laurent Gbagbo, s'ils ne sont pas militaires, sont des hommes im-
bus de leurs personnes, et le plus souvent à la solde des puissances
étrangères. En Afrique, les gouvernants dociles ne gouvernent que
pour leurs maitres qui les ont mis au pouvoir et non pour la population qui est généralement délaissée. La confiscation du pouvoir,
le tripatouillage de la constitution pour se pérenniser au pouvoir,
l'arbitraire, le culte de la personne, l'exclusion, la frustration, la
démagogie, l'enrichissement personnel au détriment de la collectivité sont les gangrènes qui minent les sociétés africaines conduisant indubitablement à la guerre civile. C'est pourquoi Alpha
Blondy pouvait dire : « *la démocratie bananière finira par la guerre
civile* ». Les institutions corrompues sont gérées par des proches
des chefs d'Etats empêchant toutes sortes de transparence dans le
jeu démocratique. L'effondrement de l'Etat en matière de bonne
gouvernance, l'un des enjeux majeurs du jeu démocratique est
quasi-totale. L'Etat sous l'emprise des dictées des occidentaux a
démissionné en Afrique. C'est une réalité car certains gouvernants
font zéros fautes dans le cadre de l'application des ordres reçus de
l'extérieurs. Nos gouvernants avec l'appui de leur maitres occidentaux sont devenus des hommes forts, des intouchables reconvertis
en bailleurs de fonds politico-économiques en complicité avec
cette oligarchie clientéliste. Les abus et la corruption illustrant la
mauvaise gouvernance sont dus au déficit de mécanismes de limi-
tation du pouvoir. La pauvreté inhérente aux pays africains est
facteur commun à toute l'Afrique. Des « glô-glô » d'Abidjan aux
Townships d'Afrique du Sud, la paupérisation galopante dans ces
quartiers précaires s'accentue au jour le jour. Alors que les gouvernants faisant la pluie et le beau temps se barricadent dans leur

villas exorbitantes et cela dans un luxe débordant et insultant. Pendant ce temps le peuple meurtri, fait semblant d'être content comme le disait le célèbre artiste Alpha Blondy. Le financement de projet pour la création d'activités génératrices de revenus, la transformation locale de nos matières premières ou l'accès aux soins de première nécessité pour les classes moyennes et les classes les plus démunies, est un parcours de combattant. En Côte d'Ivoire dont le pays repose sur l'agriculture, le prix de la plupart des matières premières de rentes ont chutés drastiquement. Le pauvre planteur assis aux fins fonds de Dabou, voit le prix de l'Hévéa chuter passant à 252 francs CFA le kilo, alors que la campagne 2019 était placée sous le thème *"responsabilité et engagement du planteur"*. Dans le Nord, le planteur d'anacarde crie à la trahison car le prix est passé de 750 FCFA à 250Fcfa le kilo lors du lancement de la campagne 2019. Le secteur agricole ivoirien des produits de rentes tout comme l'hévéa et l'anacarde, est confronté à une crise sans précédent. Les perspectives économiques du coltinent africain de l'année 2019 entravées par des instabilités politiques et mauvaises gouvernances, qui n'ont guère été reluisantes, ont été empirées en 2020 avec la pandémie de la COVID19. Tom Porteus pouvait dire : « *les conflits sont l'extension logique des faiblesses et de la faillite économique et politique des États africains, à laquelle s'ajoutent des transformations économiques sur le plan international* ». Le taux du PIB africain de 3.5% depuis 2017, demeuré le même que celui de 2019 est passé à 1% en 2020 suite à la COVID19. Ce taux reste fortement faible pour résorber les déficits budgétaires et courants persistants, suite à une dette devenue insoutenable, maintenant les états africains dans une atmosphère quasi-permanente d'assistanat chronique et de dépendance totale. En 2019, la Côte d'Ivoire avait une dette extérieure de 14.200 milliards de francs CFA en seulement 8 ans de gouvernance d'Alassane Ouattara. L'économie africaine sous perfusion est en dépassement de capacité avec l'actuelle récession économique mondiale. Les grands projets structurants dans ce contexte ont du mal à être financés et sont pour la plupart arrêtés. L'Etat est obligé de s'endetter à des taux d'intérêts exorbitants avec une monnaie assujettie en voie de réadaptation en ECO version Macron-

Ouattara. Le Franc CFA, cette monnaie d'asservissement arrimée au Franc Français qui n'existe pourtant plus, est l'une des causes majeures avec son corollaire de misère provoquant les conflits en Afrique. Le manque de souveraineté sur les ressources minières et pétrolières africaines contrôlées à plus de 97% par des sociétés étrangères et la prévarication en matière de financement des projets structurants ne favorisent pas une bonne croissance, facteur de développement. C'est pourquoi, Koffi Annan pouvait dire : « *Il n'y a pas de sécurité sans développement, il n'y a pas de développement sans sécurité et il ne peut y avoir ni sécurité ni développement, si les droits de l'homme ne sont pas respectés.* ».   Une croissance économique forte et durable est indispensable à la création d'emplois. En 2018 le nombre de chômeurs sur le continent africain selon la BAD était de 705 millions. Le manque de travail est un facteur majeur des conflits en Afrique car les jeunes qui ne sont pas occupés sont des ressources potentielles, des cibles privilégiées que l'on peut facilement utiliser à des fins électoralistes ou autres dans un mercantilisme désuet reconvertis parfois en mercenaires, terroristes ou rebelles bon marché. La manipulation de la religion à des fins extrémistes crée l'insécurité en Tunisie, en Côte d'Ivoire, au Cameroun, au Mali, au Niger, au Tchad, en Mauritanie, au Nigeria, au Benin, au Togo et au Burkina etc. Même en France, aux USA et en Grande Bretagne tout comme au Sri Lanka ou encore au Yemen, les réalités géopolitiques et géostratégiques des terroristes traumatisent le monde entier. Le terrorisme est l'utilisation de la terreur à des fins politiques, religieuses ou idéologiques. L'intégration du terrorisme et de la criminalité organisée dans les problématiques liées à la défense est un phénomène récent surtout en Afrique et en Europe. Le terrorisme prend des dimensions telles qu'il peut menacer la sécurité ou l'intégrité d'un pays, la vie de la population ou contrarier le respect des engagements internationaux. L'attentat du 11 septembre 2001 aux USA a modifié complètement la politique extérieure des Etats-Unis. L'attentat à la discothèque Labelle en Allemagne, dont Kadhafi avait été injustement accusé a permis à L'OTAN de bombarder son palais présidentiel tuant 50 personnes y compris sa fille. En Afrique, les armes circulent partout, comme si une politique de manipulation extinctive des africains étaient en marche accentuée par la COVID19 et ses vaccins qu'on veut nous imposer. La société civile aussi sur laquelle peut s'appesantir le citoyen lambda est quasiment inexistante sur la place publique. À bien des égards, elle a commencé à prendre conscience ces derniers temps, surtout en Algérie et au Soudan. La société civile mobilisée contre la corruption en Ouganda à pu obtenir des concessions amenant le premier Ministre à déclarer : « *Notre gouvernement est déterminé à combattre la corruption* ».

Jacob Zuma en Afrique du Sud a perdu le fauteuil présidentiel suite à des scandales de corruption, cheval de bataille du nouveau président Ramaphosa. Cela s'inscrit dans la suite d'autres acteurs des sociétés civiles africaines, qui font campagne contre la corruption sur le continent. Au fil de ces dernières années, ce phénomène s'est amplifié entrainant l'émergence de nouveaux modes de mobilisation découlant du populisme fondé sur la critique du système et de ses représentants. L'année 2011 fut très mouvementée en Afrique du Nord. Dans cette région septentrionale du continent, Ben Ben Ali le président tunisien tomba le 14 janvier 2011 suivi par le Raïs égyptien Hosni Moubarak le 11 Février. Alors que le 1er juillet, le Maroc changeait de constitution, Kadhafi fut assassiné par une coalition internationale, le 20 octobre à la suite du printemps arabe. Les mouvements sociaux africains doivent s'engager davantage dans la création des conditions nécessaires à l'avènement de régimes véritablement « afrocratiques » dans tous les Etats africains.

Au point de vue conjoncturelle, les conflits en Afrique tout comme leur recrudescence sont dues à certains nombres de facteurs exogènes tels que les interférences extérieures, l'influence de la dualité idéologique issue d'une bipolarisation mondiale, de l'absence de victoires militaires ou encore du rôle des matières premières. Certains conflits sont provoqués, financés et entretenus depuis l'extérieur. En Côte d'Ivoire, les militaires déserteurs appelés « Zinzin et Baefoués » soutenus par la France dès leur retour de la Centrafrique ont fait un coup d'état à Bédié avec en prime leurs primes non-payées. Pourtant, le discours purement anti-françafricain de Bédié du 24 décembre 1999 à l'égard de la France en disait long. La rébellion meurtrière qui a endeuillé la Côte d'Ivoire en 2002, financée par des multinationales telles que Armajaro spécialisée dans le négoce de Café-cacao, est partie du Burkina Faso avec l'appui, l'assistance et le soutien de la France et du Burkina Faso. Tout simplement parce que Laurent Gbagbo n'était pas un Chef d'Etat docile à l'image d'Houphouët Boigny ou Oumar Bongo. Il fallait le dégommer afin de ne pas mettre en mal les intérêts mesquins et égoïstes de la françafrique. L'instabilité persistante dans l'Est de la République démocratique du Congo qui connait une accalmie depuis l'élection de Felix Tshisekedi, est due à l'ingérence de ses voisins rwandais et ougandais depuis 1996. C'est pour des intérêts d'ordres géostratégiques et géoéconomiques que Paul Kagamé alors président de l'UA, s'était fortement mêlé dans la crise congolaise allant jusqu'à interdire au conseil constitutionnel congolais souverain de proclamer les résultats des élections au nom de l'UA. Le Congo, ce scandale géologique est en crise pour son sous-sol surexploité par certains pays voisins et les prédateurs occidentaux.

L'ingérence de la France tutélaire avec à sa remorque la communauté internationale dans une dynamique de « predatocratie » procède toujours des intérêts de la France, qui est restée dans la gouvernance mondiale, tutrice de toutes ses colonies. La bipolarisation idéologique due aux rivalités émanant de la guerre froide avec d'un côté le bloc dirigé par la Russie prônant une idéologie marxiste et socialiste, qui se résume en la doctrine, selon laquelle il faut mettre l'accent sur l'intérêt collectif au détriment de l'individualité et le Bloc néolibéral dirigé par les USA, avec pour doctrine le capitalisme, qui favorise l'enrichissement personnel au détriment de la collectivité, demeure une source conflictuelle en Afrique. Cette rivalité idéologique Est-Ouest a été transposée par l'occident dans plusieurs pays africains dans une dynamique de lutte d'indépendances et de contrôles de l'appareillage étatique postcolonial. L'Angola, la Mozambique, la Côte d'Ivoire, le Ghana, la Somalie tout comme la RDC furent impliqués plus ou moins directement dans ces conflits idéologiques en prenant des postures alignées sur ces idéologies. De même, la rivalité entre superpuissances s'est exprimée en Namibie, en Éthiopie, en Égypte et dans de nombreux autres pays. En Angola, les américains soutenaient l'Union nationale pour l'indépendance totale de l'Angola (UNITA) ce mouvement rebelle dirigé par Jonas Malheiro Savimbi. Les Russes tout comme les cubains soutenaient le mouvement populaire de libération de l'Angola (MPLA). Les conflits dans des pays sont aussi exacerbés par la prédation et l'exploitation des ressources. La présence de ressources naturelles détermine la probabilité et l'éventualité de crises dans les pays africains. La Libye a été attaquée par les occidentaux pour son pétrole, tout comme le Mali et le Niger sont frappés par le terrorisme commandité et instrumentalisé à cause de l'Or et l'uranium.

V.II : INTERPRETATIONS DES CONFLITS EN AFRIQUE

Ces conflits divers et variés partout en Afrique qui nous interpellent, viennent à questionner le rôle de la démocratie qui pourtant, nous avait-on dit, permettrait d'établir la légalité et la liberté pour tous, de légitimer constitutionnellement les dirigeants et la formule politique du pays, canaliser la violence politique et inclure les citoyens à la régénération politique de la société. Les conflits comme les attentats sont utilisés à des fins machiavéliques permettant à certains gouvernants de ne pas établir un bilan de la gestion des ressources du pays. Ils empêchent de faire un bilan des lieux, voilant l'échec cuisant de la gestion catastrophique de la chose publique. La démocratisation africaine à l'épreuve de force a montré ses limites car pour ne pas rendre compte aux gouvernés, l'état utilise comme moyen plusieurs facteurs de la constitution parmi lesquels la raison d'état, l'état d'urgence ou encore l'Etat de guerre.

Les révolutions, coups d'État et la guerre sont les conséquences visibles de la faillite du système de démocratisation imposé à nos états africains. La mauvaise utilisation ou la non maitrise de la gouvernance démocratique est une des caractéristiques principale du paradigme du développement inhumain engendré par ces conflits.

Selon Mamadou Coulibaly, les économies africaines semblent être prises au piège entre les vertus de la gouvernance et de la démocratie et les vices des conflits qui leurs sont liés. Les conflits facteurs d'instabilité entrainent la fuite des bailleurs de fonds comme le dit l'adage : *« L'argent n'aime pas le bruit »*. L'instabilité empêche la mise en place des politiques de développement et des politiques macroéconomiques afin d'atténuer ou de réduire fortement la pauvreté. Or la pauvreté est de plus en plus grande dans un système libéral basé sur le capitalisme en d'autres termes sur la prédation de ressources.

Les conflits créent la paupérisation galopante de masse, détruisent les infrastructures, le tissu social, favorisent l'exil, la circulation illégale d'armes a feu, les enfants soldats, la justice des vainqueurs, le rattrapage ethnique et le rattrapage administratif etc. Destruction des infrastructures socio-économiques du pays, favorisant notamment la montée de la corruption et du chômage. Les productions agricoles locales ne sont pas vendues créant une flambée des prix orchestrée par la pénurie alimentaire des produits de première nécessité.

La démocratisation développementaliste dans la quête prédatrice de ressources suscite des conflits engendrant la création de classe bourgeoise et de classe pauvre dans l'optique de la politique du *« diviser pour mieux régner »*. De sorte que plus la pauvreté s'accentue, plus le risque de conflit est grand d'autant plus que la masse populaire ne perçoit pas les dividendes et un partage équitable des marges de contribution et sont victimes de la mauvaise répartition des richesses de la part non seulement de leur gouvernants, mais également des multinationales. C'est pourquoi Nitzsche pouvait dire que : *« le 20eme siècle serait conflictuel »*.

La mainmise et le contrôle des ressources minières et pétrolières en Afrique par une oligarchie clientéliste sont désastreux sur les conditions de vie des populations. Ce qui amène le Ministre Ahoua Don Melo à dire qu' « *il existe des conflits destructeurs, comme ceux orchestrés par la françafrique, à travers ses réseaux mafieux pour le maintien des accords de coopération asymétriques, pour le contrôle des ressources de l'Afrique* ». Selon lui, le développement durable de l'Afrique et la démocratisation doivent passer absolument par la maitrise exogène et endogène de nos matières premières. Quelles que soient les aides au développement que l'Afrique reçoit, elles sont de loin incomparables aux énormes profits qu'engrangent ces multinationales spécialisées dans le négoce de matières premières.

En Côte d'Ivoire, Armajaro a tiré de grosses dividendes de la pénurie de cacao provoquée sciemment sur le marché international lors de la rébellion de 2002 au détriment des ivoiriens baignant dans une pauvreté accentuée par la guerre. Ces profits pour lesquels les conflits nous sont imposés, échappent aux africains et aux gouvernants contraints à une politique de la main tendue. Or la main qui donne est celle qui ordonne.

L'assassinat de Kadhafi en 2011 en Lybie à travers ce conflit sanglant, marqua l'assassinat du développement socioéconomique de l'Afrique. Ce crime organisé a empêché à l'Afrique d'acquérir non seulement une véritable autonomie financière, mais également de créer sa propre monnaie afin de maintenir les Africains sous domination dans une pauvreté indescriptible extrêmement létale. Ellen Hodgson Brown dans son livre « *In Web of Debt* » 5eme édition parut en 2012, affirme que Kadhafi aurait osé prendre l'initiative de refuser le Dollar et l'Euro. Il alla même plus loin en appelant les nations arabes et africaines à utiliser le Dinar Or comme nouvelle monnaie. C'est cette initiative parait-il, qui a mis le feu au poudre, car elle était très mal perçue par les USA et l'UE. C'est alors que la Lybie fut déclarée comme une menace pour la « *sécurité financière de l'humanité* » par Nicolas Sarkozy. Selon le Professeur Pascal Chaigneau expert en économie et science de la décision, la Libye de Khadafi finançait un quart du budget de fonctionnement de l'Union Africaine. Dans les pays comme le Mali, le Niger, le Tchad ou encore le Burkina Faso, la toute puissante Jamahiriya libyenne était à la fois le deuxième investisseur, le deuxième client et le deuxième dispensateur d'aide derrière la France.

Chaigneau continue à dire que pour chacun des pays de la zone ce sont pratiquement un quart de million de travailleurs émigrés en Libye qui ont dû rentrer dans leur pays ou s'exiler en Europe à l'occasion du conflit. La Lybie était le dernier rempart qui permettait de canaliser les immigrants en partance vers l'Europe. Depuis sa chute, l'Europe est envahie de migrants de toute part. Et cela, Kadhafi l'avait prédit. En plus des trafics de drogue, d'armes, des taxes prélevées auprès des passeurs des candidats à l'immigration clandestine, des exilés, les hommes de la terreur en Lybie ont installé des structures de sous-traitance d'organes humains. La ferme des horreurs a été découverte en Lybie par les hommes du Marechal Haftar. Une ferme dont la barbarie digne de l'enfer exécutée par des démons incarnés qui s'adonnaient à la vente des parties du corps humain en occident. Un abominable business dû a la guerre en plein essor au Moyen-Orient.

Depuis les accords d'Alger, Khadafi était devenu le principal soutien des mouvements touaregs, qui trouvaient en Libye leur terrain de repli et d'hébergement politique. Au déclin du régime Khadafi, selon Chaigneau, six mille touaregs que le guide libyen entretenait dans son armée, emmenant avec eux armes et munitions, auraient passé la frontière pour s'installer au Mali. De ce fait, trois grandes tribus touaregs sont arrivées de Libye à savoir les Inghads, les Ifoghas et les Chamanamasses. Mais seuls les Inghads se sont ralliés aux autorités maliennes. Par contre les deux autres groupes se sont postés dans les montagnes de Kidal avec leurs armes ou ils créèrent le MNLA[19] pour construire ce qu'ils appellent le Kel-Tamasheq (la terre des Touaregs). Très vite, le Nord du Mali tomba sous leur contrôle, fragilisant la paix et la sécurité dans toute la région (Mali, Nigeria, Niger, Mauritanie, Burkina Faso, Benin, Togo, Nigeria, Tchad, Cameroun, Côte d'Ivoire). A présent, les mouvements et groupes terroristes sui-

---

[19] Mouvement national de libération de l'Azawad

vants MNLA, AQMI[20], [21]MUJAO[22], Ansar Dine pullulent dans toute la grande zone sahélienne sous le regard impuissant de l'opération SERVAL, remplacée par la force mixte Barkhane. L'assassinat de Kadhafi orchestré pour nous dissuader d'entamer notre marche irréversible vers le développement, doit nous galvaniser à aller de l'avant afin de réaliser véritablement notre indépendances financière totale matérialisée par la création et la maitrise de notre propre monnaie. En Afrique, les conflits fragilisant la paix et la sécurité aboutissant absolument à une forme de pouvoir sont un processus d'anesthésie et d'extermination à petit feu de tout le peuple africain dans l'indifférence totale. A l'unisson, il est plus qu'urgent pour nous de mettre fin aux conflits meurtriers récurrents en Afrique souvent organisés à l'extérieur, mais exécutés sur le continent et se soldant par des résolutions interventionnistes atypiques à parti pris.

---

[20] Al-Qaïda du Maghreb islamique
[21] Mouvement pour l'unicité et le jihad en Afrique de l'Ouest

Chapitre VI

Politique d'intervention, de résolution de conflits et de reconstruction en Afrique

L'artiste ivoirien Tiken Jah de Fakoly disait : « *...Ils allument le feu, ils activent et après ils viennent jouer aux pompiers, on a tout compris...* ». Cette assertion musicale trouve toute sa raison d'être dans la mesure où la plupart des crises et conflits en Afrique basés sur des antagonismes électoraux, religieux, communautaires, frontaliers sont suscités à dessein, répondant exclusivement à des intérêts d'ordre géopolitique, géostratégique et géoéconomique dans l'optique de la mise sous coupe réglée des politiques et richesses africaines.

Ces crises et conflits sont la voie légale donnant le feu vert pour des interventions des états puissants sur les états les plus faibles au nom des accords secrets, du droit d'ingérence, de la protection des libertés et des droits de l'homme ou encore de la guerre préventive. Pourtant, la charte des nations unies réaffirme le droit de non-ingérence et de la souveraineté des états membres. Il existe donc une dissymétrie entre le droit d'ingérence politique, militaire, économique ou humanitaire, qui apparait comme un cadre légale afin d'imposer le diktat des nations plus fortes sur des nations plus faibles et l'article 2.7 de la charte des nations unies, contraignante en la matière, réaffirme la souveraineté des peuples à disposer d'eux-mêmes.

Cette ingérence sous forme d'intervention autorise les grandes puissances à s'immiscer directement dans les affaires intérieures des états souverains. D'où la nécessité pour nous de nous interroger sur la définition de l'interventionnisme. L'interventionnisme selon le petit Larousse est une doctrine préconisant l'intervention d'un État dans un conflit entre d'autres États.

En d'autres termes, c'est une politique pratiquant l'agression des plus faibles par le plus fort sous plusieurs formes à savoir politique, diplomatique, économique ou militaire. Alors que les objectifs de l'ONU comme définis par les 54 nations présentes sont très claires : « *le maintien de la paix par des moyens pacifiques, la reconnaissance d'un droit de défense des Etats à travers des accords de sécurité régionaux, la non-ingérence dans les affaires des Etats, l'engagement des Etats membres à ne pas utiliser de la violence* ». Cependant, l'ONU ne respecte pas ses propres principes dans la mesure où elle a pris part et continue de le faire de façon flagrante et partisane dans certains conflits en Afrique aux côtés des grandes nations afin d'assujettir d'autres nations tout en s'assurant de suivre la dictée des grands maitres.

En fait, l'ONU est le meilleur élève des grandes puissances. En effet, elle est la matrice nourricière, l'instrument légal de cette nouvelle forme des temps modernes de recolonisation des peuples dans un cadre juridiquement légal et normalisé. Elle a créé un mauvais précédent en Côte d'Ivoire à travers sa résolution 1975 des 15 du conseil de sécurité relative à une intervention armée sur les bords de la lagune « Ebrié ». Cette résolution était pourtant claire : « *Le conseil de sécurité réaffirme son ferme attachement au respect de la souveraineté, de l'indépendance, de l'intégrité territoriale et de l'unité de la Côte d'Ivoire et rappelant l'importance des principes de bon voisinage, de non-ingérence et de coopération régionale. Le conseil de sécurité réaffirme qu'il souhaite vivement, que la crise postélectorale en Côte d'Ivoire soit réglée de manière pacifique et qu'elle exige une solution politique globale, qui préserve la démocratie et la paix et favorise la réconciliation durable de tous les Ivoiriens* ».

En aucun cas, cette résolution ne permettait une intervention militaire en Côte d'Ivoire pour dégommer le pouvoir de Laurent Gbagbo. Mais une fois sur le terrain, l'ONUCI et la Force Licorne ont dévoyé cette résolution en bombardant non seulement le palais présidentiel symbole de la souveraineté de la Côte d'Ivoire, mais également tous les points stratégiques de l'armée de Côte d'Ivoire et ont assuré le transport de troupes rebelles. L'armée française sous le couvert du mandat de l'ONU, qui était en réalité un mandat de tuer a perpétré une hécatombe en Côte d'Ivoire. La France interventionniste au nom du droit d'ingérence a instrumentalisé la communauté internationale autoproclamée en s'appuyant sur des dispositions internationales réglementées en matière de litiges et conflits en actionnant les leviers comme L'ONU, l'UE, l'UA, la CEDEAO la BCEAO et l'UEMOA.

Alors que depuis 1961, la France et la Côte d'Ivoire sont liées par au moins sept accords secrets de défense militaire. Même si Houphouët Boigny considérait ces accords comme un parapluie de défense garantissant la sécurité du pays, n'empêche qu'en 1990, quand il a évoqué pour la première fois l'intervention de la France en Côte d'Ivoire, François Mitterrand a refusé prétextant une affaire ivoiro-ivoirienne en ces termes : « *Paris n'interviendrait pas en Afrique pour des raisons de sécurité intérieure, mais seulement dans le cas d'une agression extérieure contre ses partenaires, et bien sûr si la sécurité de ses ressortissants devait être menacée* ». Bédié également avait évoqué ces accords lors du coup d'état de 1999, mais là encore la France avait refusé. En 2001, lors de l'opération de la « Mercedes noire », le Président Laurent Gbagbo avait aussi évoqué à nouveau ces accords une première fois, puis une deuxième fois en 2002. Mais, la France avait encore refusé. De 1960 à 2002, la France a refusé à cinq reprises de mettre en application les accords de défenses militaires qui le liaient à la Côte d'Ivoire.

Par contre, la France vola le 03 Février 2019 au secours d'Idriss Déby en évoquant l'accord de défense militaire. Elle a bombardé une colonne de rebelles de l'Union des forces de la résistance (UFR) venue du sud de la Libye à bord d'une cinquantaine de véhicules montés à l'arme lourde. Bien vrai que c'était une affaire Tchado-tchadienne tout comme en Côte d'Ivoire, elle n'a pas hésité à prendre le devant et soutenir le Tchad. Les avions de chasse français auraient conduit une « vingtaine de frappes » et détruit autant de véhicules parce que ces deux pays sont liés par « un accord de coopération militaire technique » qui remonte à 1976. C'est ce que Boubacar Keita, le président du Mali avait fait en janvier 2013 pour permettre le lancement de l'opération militaire française « Serval » contre les groupes djihadistes, qui contrôlaient alors la moitié du pays. La France interventionniste depuis septembre 2002 s'était lourdement engagée en Côte d'Ivoire dans des conditions ambiguës en soutenant officieusement puis officiellement cette horde de rebelles, qui avait attaqué la Côte d'Ivoire se soldant par la mise à mort de la démocratie le 11 Avril 2011 grâce à la résolution 1975 de l'ONU. Dans sa tentative impérialiste de nier l'existence souveraine de la Côte d'Ivoire, la France par le biais de Chirac comme le soulignait d'ailleurs Simone Gbagbo, avait fait inscrire en Octobre 2006 à l'ordre du jour de la séance de l'ONU, une résolution (1721) afin de faire suspendre la Constitution souveraine de la Côte d'Ivoire. Cette tentative de subordination de la Constitution d'un Etat membre de l'ONU est d'une atteinte très grave au principe de non-ingérence dans les affaires internes des Etats. La pratique de suspension de la Constitution d'un pays souverain par un autre pays n'est pas fortuite et est totalement contre la démocratique.

Ce sont des cas flagrants de deux poids, deux mesures au gré exclusif des intérêts. En effet, « *la France n'a pas d'ami, elle n'a que des intérêts*» pouvait dire De Gaulle. La France en toute flagrante ingérence agit selon elle au conseil de sécurité de l'ONU pour le bien des Etats africains francophones. Dans un paternalisme néo-colonial révolu elle se porte même garante des engagements internationaux des Etats de son pré-carré, en matière économique et financière.

Tout comme elle, le mode opératoire des occidentaux est identique à chacune des étapes interventionnistes des grandes puissances en Afrique perpétuant le mode d'ingérence dans les affaires intérieures des Etats. Elles mettent d'abord en avatar les organisations régionales africaines au sein desquelles des pantins et laquais acquis à leur solde. Elles usent ensuite de leurs influences au Conseil de sécurité des Nations Unies et au sein de toutes les organisations africaines qu'elles financent, afin d'accomplir leurs salles besognes d'assujettissement des nations avec la complicité des fantoches. Apres un conclave entre Sarkozy et l'analphabète Jacob Zuma à Paris, l'Afrique du Sud ne s'opposa plus à la résolution 1975 sur la Côte d'Ivoire votée au conseil de sécurité. Au Congo,

L'UA et la SADC[23] ont été actionnés par la France qui avait saisi plus tard le Conseil de sécurité de l'ONU afin de voter une résolution qui leur permettrait d'intervenir en RDC. Pour une fois, l'ONU fut très prudente. Elle souligna la nécessité pour toutes les parties prenantes concernées *« d'agir de manière à réaffirmer l'intégrité du processus électoral, à respecter les résultats du scrutin, à défendre la démocratie et à préserver la paix dans le pays »* tout en appelant *« à la poursuite de l'unité nationale et de la consolidation de la paix, notamment par le biais d'un dialogue politique entre toutes les parties prenantes »*.

Pourtant, avant cette déclaration les USA avaient déjà déployé 80 soldats américains au Gabon prêts à intervenir en RDC en cas de trouble. Déploiement décrié par la diaspora congolaise aux USA qui diffusa un reportage de la chaîne américaine CNN sur les réseaux sociaux: *« Là, vous ne pouvez pas dire que Washington ne fait pas de l'ingérence. Il n'y a pas de guerre à Kinshasa et il n'y en aura pas »*.

Il est d'usage de considérer les résolutions du Conseil de sécurité comme source de droit. Tout comme en Côte d'Ivoire, au Darfour, au Congo ou en Lybie c'était la résolution 1973 du Conseil de sécurité des Nations Unies, qui donna le mandat à l'OTAN pour intervenir afin de protéger selon leur double langage commun la population civile conformément à l'article 7 de la Charte des Nations Unies. Mais en aucun cas cette résolution ne donnait un mandat à l'OTAN de bombarder la Lybie. Voici ce que disait le point quatre de cette résolution : *« Le Conseil de sécurité autorise les États membres qui ont adressé au secrétaire général une notification à cet effet et agissent à titre national ou dans le cadre d'organismes ou d'arrangements régionaux et en coopération avec le secrétaire général à prendre toutes mesures nécessaires (...) pour protéger les populations et les zones civiles menacées d'attaque en Jamahiriya arabe libyenne, y compris Benghazi, tout en excluant le déploiement d'une force d'occupation étrangère sous quelque forme que ce soit et sur n'importe quelle partie du territoire libyen »*.

---

[23] Communauté de développement d'Afrique australe (SADC) regroupant 15 pays.

Encore, faut-il que cette résolution se conforme aux principes de la Charte des Nations-Unies. Ce n'était manifestement pas le cas. En effet, la Chine et la Russie à cette date du 17 Mars 2011 n'ont pas voté cette résolution. C'est pourquoi, le premier ministre de la Fédération de Russie a très justement qualifié cette résolution de « *défectueuse* » et d'« *imparfaite* ». Pour Hans Köchler (Président de International Progress Organization) étant donné les nombreuses contradictions résultants de l'autorisation d'appliquer « *toutes mesures nécessaires* » contenues dans les résolutions du Conseil de sécurité en rapport avec le chapitre VII de la Charte des Nations Unies, contradictions qui mettent en cause la légitimité de l'ONU en tant qu'agent de sécurité collective, les Etats membres de l'Assemblée générale des Nations Unies devraient envisager de solliciter un avis consultatif de la Cour internationale de justice conformément à l'article 96-1 de ladite Charte.

Paradoxalement, avant que ne soit voté la résolution 1973 contre la Lybie à L'ONU, Marechal Haftar l'actuel homme fort de la Lybie, exfiltré par les américains d'une prison de Ndjamena en 1990 s'est retrouvé par enchantement voisin du siège de la CIA aux USA. Il était déjà infiltré en Libye en 2011. Formé par les américains et attaquant depuis 1990 le gouvernement Libyen, il se retrouva en 2011 aux côtés des milices Libyennes, qui ont renversé le pouvoir de Kadhafi avec la complicité de l'OTAN. Cette connivence dangereuse entre Haftar et les américains avant même que la résolution 1973 ne soit validée démontre nettement que l'ONU est utilisée à des fins purement stratégiques pour asservir les nations les plus faibles au profit des nations les plus fortes.

Il est clair que l'ONU qui a outrepassé ses missions en Côte d'Ivoire et en Lybie et qui n'arrive pas à apporter la paix sur le plateau du Golan entre Israël et la Palestine, est incapable d'assurer la paix et la sécurité dans le monde. La résolution 242 du Conseil de sécurité adoptée le 22 novembre 1967 à la majorité absolue des 15 membres sur la guerre de Kippour n'a pas empêché l'Israël d'annexer le plateau du Golan. Même si la résolution 497 du Conseil de Sécurité a déclaré cette annexion comme étant « *nulle et non avenue et sans effet juridique sur le plan internatio-*

nal », elle est reconnue par les USA depuis la décision de Donald Trump de reconnaître la souveraineté israélienne sur le Golan le 25 mars 2019.

L'ONU impuissante au demeurant ne fait que réaffirmer l'hégémonie des plus forts sur les plus faibles. Sinon, pourquoi ne prend-t-elle pas une résolution pour agir sur l'annexion de la Crimée par la Russie ? Pourquoi ses juridictions internationales en occurrence la CPI a-t-elle abrogé les poursuites contre l'armée américaine en Afghânistân sur menace du gouvernement de Donald Trump ? La résolution 1973 des nations Unies sur la Lybie a fait plus de mal à l'Afrique que toutes autres résolutions sur le continent. En effet, elle a favorisé le déclin de la Lybie mettant fin aux projets ambitieux de Kadhafi pour toute l'Afrique. Elle a favorisé le foisonnement de plusieurs groupes terroristes dans tout le Sahel menaçant la paix et la sécurité en Afrique.

Aujourd'hui déguisés en pompier-pyromanes, c'est ces mêmes occidentaux avec pour chef d'orchestre la France, qui viennent encore lutter contre ces groupes terroristes à travers l'opération SERVAL, puis Barkhane au Sahel. Ils ont allumé le feu et à présent, ils viennent se jouer les pompiers au nom de la sécurité tout en pillant l'Or au Mali, l'Uranium au Niger, le cacao en Côte d' Ivoire etc. Tous ces foyers de tension partout en Afrique sont suscités à dessein par ces bandits à col blanc, afin de justifier la présence militaire des grandes puissances sur le sol africain et par delà profiter pour absorber toutes les ressources africaines. En Afrique australe, voilà 20 ans que l'ONU est présente aux côtés des grandes puissances dans cette région congolaise, scandale géologique, la plus riche d'Afrique. Comme en Côte d'Ivoire ou encore en Centrafrique, un véhicule blindé blanc estampillé UN de la mission de l'ONU en RDC (MONUSCO), renversé, contenait des sacs de coltan un minerai précieux au centre des conflits armés à l'est du pays. Une étrange méthode de l'ONU pour maintenir la paix en RDC en sécurisant d'abord le coltan et le cobalt en lieu et place de la population. Essayons d'imaginer donc ce qu'ils auraient pu soutirer au RDC en 20 ans de présence. Dans ce pays, la MONUSCO[24] est impliquée dans un vaste trafic de minerais au lieu d'accomplir leur mission de stabilisation. Aux côtés des groupes armés soutenus aussi bien par des multinationales que par des États voisins comme le Rwanda et l'Ouganda, la MONUSCO pille la RDC. Ces conflits ont déjà fait des milliers de morts et alimentent l'une des crises humanitaires des plus graves de l'histoire africaine. Malgré une forte présence la MONUSCO peine jusqu'ici à mettre hors d'état de nuire les groupes armés.

C'est pourquoi certains chefs d'états africains restent méfiant à l'égard des missions onusiennes de maintien de l'ordre, devenues des missions de maintien de la pauvreté et du Chaos, forçant l'exode des populations des sols les plus riches vers des sols les plus paisibles, mais pauvres.

En 2010, l'Afrique accueillait la moitié des opérations de maintien de la paix des Nations Unies pour près de 75% des effectifs des casques bleues déployées soit 73.645 sur 100.654 au mois de Juin. Malgré cela, deux ans après le continent africain a connu en 2012 une dizaine de conflits favorisant le déplacement massif de plus de 10 millions de personnes. Ce qui représentait le 1/3 des déplacés au monde. L'ONU dans le cadre de ses missions de maintien de la paix sur tout le continent a mené 8 de ses 16 missions en Afrique. Imaginons un seul instant que tous ces soldats comme ceux attrapés en Côte d'Ivoire, ou encore en Centrafrique, étaient tous des voleurs comme leur mandant. On comprendrait l'origine de la pauvreté des pays africains après le passage de l'ONU dans le cadre du maintien de la paix et la sécurité dans nos pays respectifs.

L'interventionnisme des temps modernes s'appuyant sur les accords de coopérations ou résolutions onusiennes, est bien le cadrage normatif de l'expansion politico-économique des britanniques et des français à l'époque coloniale. En Grande Bretagne, les parlementaires anglais avaient sorti un rapport sur la guerre en

---

[24] Mission des nations Unis pour le Congo

Libye mettant à nu les raisons économiques inavouables de l'intervention franco-anglaise, masquée sous un château de cartes par des montages sur les violations massives des droits de l'homme par Kadhafi.

Téléguidées rien que par leurs intérêts dans certains pays du Tiers-Monde, ces puissances étrangères en intervenant exercent des influences déterminantes sur la formation ou l'évolution des processus démocratiques de nos sociétés afin d'infléchir le cours de notre l'histoire. Ce rapport des parlementaires anglais est très clair. Il met en exergue le fait que ces interventions inhérentes à tous les pays africains ne sont pas guidées par une problématique de démocratisation ou de protection de la population. Elles ne sont que la résultante d'un souci de protection ou d'accroissement des intérêts économiques occidentaux. Sous de fallacieux prétextes humanitaires ou de protection de leurs ressortissants, ces occidentaux comme ce fut le cas en Centrafrique, en Côte d'Ivoire, aux Comores, Au Mali torpillent toutes solutions négociées interafricaines, imposant en dépit de toutes règles démocratiques par les armes et par la dictature un autre président (action de Bob Denard via la Françafrique aux Comores, au Togo, en Centrafrique etc.) Le chaos volontairement créé dans ces pays par ces interventions militaires étrangères au nom de l'humanisme avec des blindés et des hélicoptères de guerre dans des capitales africaines est une autre forme de recolonisation de l'Afrique.

Lorsqu'ils arrivent à installer leurs présidents fantoches au pouvoir, ils n'entament pas immédiatement le processus de pacification afin de relever les nombreux défis post-conflits. Bien au contraire, ils signent des contrats faramineux de reconstruction et de restructuration ne prenant en compte que leurs intérêts. Tant pis pour la paix sociale et la protection des populations désabusées et laissées pour compte. En Libye, un nouveau front de guerre est ouvert alors que le pétrole est exploité à vau-l'eau. En Centrafrique, le sous-sol est pillé alors que les anti-balakas, les Seleka et les nombreuses milices périphériques s'entretuent chaque jour malgré l'élection de Touadera, qui peine à trouver des solutions définitives au problème centrafricain.

Compte tenu du manque d'engagement des véritables acteurs (ONU, UE, UA, organisations sous-régionales) impliqués dans les résolutions post-conflits en Afrique, on assiste très souvent à l'échec des programmes de désarmement, de démobilisation et de réinsertion (DDR) élaborés sur des schémas calqués sur le modèle d'ajustement structurel préconçu par les organismes internationaux. La réforme du secteur de sécurité face à la prolifération des armes légères et de petit calibre, la bonne gouvernance politique et économique, le renforcement de la paix et des capacités des populations relèvent purement du dilatoire conjoncturel.

En terme de réalisation, l'Union africaine très handicapée a créé dès 2006 un Cadre de Reconstruction et de Développement Post-Conflit (RDPC) qui définit les lignes directrices opérationnelles destinées aux Communauté Economiques Régionales (CER), aux États et à la société civile. D'une certaine manière, l'unanimisme sur le principe de « l'Afrique aux Africains » a amené l'UA a constitué une base de données en identifiant les activités et les experts africains dans le cadre d'une étroite collaboration avec les missions d'opération de paix.

Elle aurait répertoriée des pays comme la RDC, la Guinée Bissau, la Côte d'Ivoire, la Somalie, la Sierra Leone, le Burundi, le Libéria, la RCA, le Soudan, le Sud-Soudan, le Mali, le Madagascar, et la Lybie pour les types d'appuis et de ressources nécessaires. Elle se serait engagée dans six domaines à savoir : la sécurité ; l'urgence humanitaire ; la gouvernance politique et la transition ; les femmes et le genre ; la reconstruction socio-économique et le développement ; les droits, la justice et la réconciliation. Cependant elle rencontre un faramineux problème de financement face aux fameuses conditionnalités qui accompagnent les politiques d'aides bilatérales et multilatérales et les sanctions diverses extrêmement partiales, alors que les sociétés politiques africaines réaffirment de plus en plus leur souveraineté et ressentent de plus en plus durement la multiplicité des ingérences.

Deuxième partie

L'AFRIQUE DANS LE MONDE : ANALYSES POLITICO-ECONOMIQUES DES RELATIONS INTERNATIONALES

Chapitre VII

Crises et dépendances économiques en   Afrique

« Faire bouger les choses, s'opposer au diktat, ce n'est pas facile, ce qui m'arrive n'est qu'une illustration. Nous ne sommes libre qu'en apparence, à l'intérieur de la cage ou l'on nous a mis, nos finances et notre économies sont sous tutelle sans poids réel au niveau international, menacés d'être mis à l'amende si nous n'obéissons pas.. » Laurent Gbagbo

.

VII.1 : LA SITUATION ECONOMIQUE DE L'AFRIQUE

Le passage de colonisation à la décolonisation puis de la décolonisation aux indépendances n'a pas été du tout aisé pour l'Afrique. Durant ces périodes, l'Afrique a connu de rudes moments mettant en mal le bien être politico-économique du continent. Apres que les indépendantistes aient combattu farouchement l'oppresseur pour arracher l'indépendance politique factice, l'heure est à présent à l'arrachement de l'indépendance économique. L'Afrique d'après les indépendances connait une véritable dépendance économique vis-à-vis des pays occidentaux. Elle présente un visage économique très triste, étrange et chaotique tout en baignant dans un sous-développement historiquement planifié, mains et pieds enchainés par les accords secrets de coopération. Le passage de l'économie coloniale à l'économie industrielle a entrainé la pauvreté devenue le dénominateur commun de tous les pays africains. Nos économies et nos finances sont sous tutelle et enclin à de fortes conditionnalités des bailleurs de fonds menaçant notre croissance. En effet, La création des accords CEE-ACP devenus

UE-ACP après les indépendances a créé les conditions idéales pour la mise en dépendance économique permanente de l'Afrique. Ces accords sont la voie légale du pillage systématique des ressources africaines. Ce sont la résultante du réajustement de la politique coloniale pour l'exploitation économique de l'Afrique entrainant le sous-développement. La signature de ces accords[25] dissymétriques a eu beaucoup d'impact sur le développement économique des pays africains. La croissance économique, catalyseuse de développement qui émane des processus de démocratisation des régimes politiques, devrait entrainer pourtant l'amélioration des conditions de vie des populations africaines. Que nenni ! Même si le processus de développement économique et de démocratisation vont toujours de pair, l'histoire a prouvé qu'il peut y avoir économie de marché sans démocratie. C'est bien le cas de certains pays d'Asie du Sud-est (Japon), de l'Amérique latine (Chili, Argentine, Mexique) qui ont favorisé la modernisation économique de leurs sociétés sous des régimes autoritaires.

Ces accords qui ont montrés leurs limites s'inscrivent dans une coopération, qui a perdu sa substance, impactent directement sur les processus de démocratisation et ont favorisés en Afrique des régimes autoritaires non-démocratiques à sang pour sang. La dépendance économique de l'Afrique centralisée par un système capitaliste interdisant la démocratie, détruit l'économie de l'Afrique en la maintenant dans le sous-développement. Selon le Ministre Koné katinan Justin, la conduite vers le développement sous la houlette du nouvel ordre mondial n'est qu'un leurre : « *une arnaque pour nourrir la naïveté des consciences les plus faibles* ». Pour lui, « *la normalisation universelle de l'économie* » sur laquelle est basée toute la logique de « *la gouvernance planétaire, dans un mouvement corruptif de conscience des peuples* », demeure la seule responsable des maux qui minent l'économie africaine. La démocratie facteur de développement est considérée comme une variable explicative de la croissance économique, ce

---

[25] Yaoundé I(1963), Yaoundé II(1969),

qui revient à dire que le sous-développement dans lequel baignent les pays africains serait une conséquence du système démocratique imposé à l'Afrique par les « *innovistes* » de l'universalisme économique normalisée. Dès lors, la corrélation entre la démocratie et la croissance symbole de développement est établie. D'autant plus que l'amélioration des indicateurs de développement économique et les tendances des pays en mal d'une forme d'organisation politique sont singées sur des grandes démocraties, maitres de l'universalisme économique. Alors que c'est justement ces grandes puissances, qui nous maintiennent dans un état de sous-développement avancé. La guerre économique est lancée et tout est mis en œuvre, afin que l'Afrique ne puisse pas tirer son épingle du Jeu. La politique économique des Etas d'Afrique francophone émanant du nazisme monétaire, oblige certains pays à reverser 50% de leur bénéfice dans le trésor publique français. Lesquels fonds sont retournés sous forme d'aide publique au développement. Dans ces conditions, ces pays ne peuvent pas évoluer. Ce système économique d'assujettissement s'apparente à un long serpent dont la queue est en Afrique et la tête en occident. C'est pourquoi, il faut couper la tête de ce serpent afin de permettre à l'Afrique d'amorcer une véritable indépendance économique. Le FMI[26] et la BM[27] nous imposent des conditionnalités avant de pouvoir avoir accès aux prêts alors que nos états se tournent de plus en plus vers des donateurs privés usant de méthodes vautours pour nous appauvrir davantage. Dans les années 1970, le choc des produits pétroliers a créé une crise économique, entrainant des mesures d'ajustement et d'assainissement structurel imposées par les institutions de bretons Woods. L'essoufflement de l'économie nationale des pays africains issu des indépendances a conduit à des privatisations généralisées partout en Afrique avec comme conséquences principale la réduction du nombre des sociétés d'État au profit du secteur privé. Le secteur privé est devenu le moteur principal de l'économie africaine. Il emploie environ 90 % de la population active en âge de travailler et représente plus de 80 % de la

---

[26] Fonds Monétaire International
[27] Banque Mondiale

production totale, les deux tiers de l'investissement total et les trois quarts du crédit total à l'économie africaine.

Pourtant, il existe une rareté d'entreprises privées dans les pays africains, alors que ce sont les entreprises qui créent des emplois. L'on privatise grâce au système capitaliste les sociétés d'Etat, alors qu'en Afrique l'Etat est le principal employeur. Par conséquent, le manque d'entreprises devient un handicap majeur pour l'économie des pays africains favorisant le chômage massif de jeunes diplômés, qui sont obligés de s'expatrier par manque de travail. C'est pourquoi, l'Afrique compte 705 millions de chômeurs selon les données de la BAD. Aujourd'hui, l'horloge qui mesure la pauvreté, mis en place par la CEA[28], indique que plus 33% de la population africaine soit 400 millions de personnes en Afrique vivent dans l'extrême pauvreté. Partout en Afrique, le taux de croissance par habitant reste inferieur au taux de croissance démographique.

La proportion d'africains dans l'extrême pauvreté selon la banque mondiale est passée de 57% en 1990 à 43% en 2012. Celle–ci a chuté en partie grâce à la politique de libéralisation et de désengagement de l'état aux profits du secteur privé. Cependant cette chute n'a pas amélioré durablement les conditions et niveaux de vie des populations car le nombre de personne vivant dans la pauvreté en Afrique est passé de 287.6 millions de pauvres en 1990 à 388.8 millions en 2012. En 2018, la croissance du PIB par habitant de l'ordre de 0.6% reste très alarmant et trop faible pour influencer la paupérisation galopante en Afrique. Aujourd'hui, le nombre de pauvre en Afrique demeure de 400 millions de personnes, alors que selon l'Allemagne, la France à elle seule pille 440 milliards d'euros par an aux Africains grâce à l'exploitation abusive du CFA. D'ailleurs en 2019, deux responsables politiques italiens en occurrence Luigi Di Mateo et Alessandro Battista, suite à la déclaration des allemands, ont fustigé la politique africaine de la France qui utilise le Franc CFA pour appauvrir l'Afrique aggravant ainsi la crise migratoire. Mais, depuis ces affirmations en

---

[28] Communauté Economique Africaine

mondovision alors que la crise migratoire s'est aggravée, l'Allemagne et l'Italie ont fait profil-bas, comme si l'on avait acheté leur silence. L'omerta est sans doute passée par là.

C'est donc par mauvaise foi et dans leurs propres intérêts, que les pays occidentaux maintiennent l'Afrique dans la pauvreté. Sinon, il suffira à la France de nous reverser cette manne financière qui est d'ailleurs la nôtre, afin de mettre fin à la pauvreté dans toute l'Afrique.

Les objectifs du millénaire pour le développement (OMD) à travers leurs programmes de réduction stratégique de la pauvreté (DSRP) ont échoué tout comme les Objectif du développement durable (ODD), qui peinent à décoller dans une Afrique sous perfusion avec un taux de conflictualité assez élevé. En Madagascar, le taux de pauvreté touche 85% de la population rurale pour un pays qui tire l'essentiel de ses revenus de la riziculture. Le taux de croissance dans l'agriculture est estimé a seulement 2% et même réduit selon des experts a 1.2% au début du millénaire. Ce qui traduit l'échec du DSRP mis en place par la BM et le FMI au début des années 2000. Malgré l'atteinte des points de décisions des initiatives PPTE afin de bénéficier d'une réduction du service de la dette, certains pays à l'image de la Côte d'Ivoire n'ont pas décollé. La dette extérieure de la côte d'Ivoire de l'ordre de 2000 milliards de Francs CFA après les PPTE en 2011, tend désormais vers plus de 15 000 milliards en 2020. Comme on peut le voir, la situation économique de l'Afrique qui croule sous le poids de la dette n'est guère reluisante. Elle demeure étranglée, chaotique et soumise au diktat exclusif des donneurs d'ordre. Elle subit le poids du surendettement massif dont le service de la dette mobilise toutes nos ressources disponibles, empêchant ainsi non seulement de créer les conditions idéales d'une croissance durable, mais également les populations de jouir du fruit de cette croissance.

VII.2 : L'ECONOMIE AFRICAINE SOUS PRESSION
MONETAIRE

Les pays les plus développés en Afrique sont les pays qui ont pu battre leur propre monnaie à l'image du Maroc, de l'Afrique du sud, du Rwanda, du Nigeria ou encore du Botswana etc. En effet, La monnaie, sang de toute économie selon le Professeur Mamadou Koulibaly, demeure un pilier économique stratégique du pillage systématique de l'Afrique. Kadhafi a été assassiné parce qu'il a voulu mettre en place une monnaie africaine appelé le Dinar Or. Cela avait été considéré par les grandes puissances comme un crime financier contre l'humanité. Selon le Professeur Nicolas AGBOHOU, l'expert en économie, il est impossible à un pays de gérer efficacement son économie sans sa propre monnaie dans la mesure où c'est la banque centrale d'un pays, qui finance les investissements, les programmes de recherches et de développements, la création des entreprises nationales pour l'emploi et la formation des jeunes. Cette banque centrale de ce pays à l'image des banques centrales sous-régionales comme la BCEAO, la BCC, la BEAC et autres sont gérées depuis l'extérieur avec des monnaies étrangères comme le Franc CFA. Nos pays africains dépourvus de leur propre monnaie, baignent dans un système clientéliste qui chaque jour ruine l'Afrique et les espoirs des populations africaines. L'un des facteurs qui assassine l'économie africaine au niveau des pays francophones demeure la monnaie. Le Franc CFA est une monnaie d'asservissement qui aliène l'Afrique. C'est le mal incarné de l'économie africaine des états surtout dits francophones. L'acquisition de notre liberté économique et financière passe nécessairement par la création et l'appropriation de notre propre monnaie. Face à ce nazisme monétaire fouettant notre orgueil souverain tel le flic et le voyou, l'Afrique doit se réveiller. La réinvention d'une politique monétaire aux essences purement panafricaines comme le souhaite d'ailleurs l'Union Africaine, de facto s'impose à nous afin de maitriser notre système économique moteur de croissance. L'Afrique doit battre sa monnaie comme vient d'ailleurs de dire le Président Ramaphosa en Afrique du Sud.

L'Union Africaine (UA) vient de réactualiser le chantier de l'établissement d'institutions financières et monétaires africaines dont le projet avait été lancé depuis 2005. L'UA pour une fois, qui prend ses responsabilités a pour objectif de mettre en service une Banque centrale, un Fonds monétaire, une banque d'investissements et une bourse panafricaine, comme le souhaitait d'ailleurs kadhafi afin notamment d'accompagner la dynamique d'intégration africaine. La création d'institutions monétaires et financières africaines communes avec la maitrise des tenants et des aboutissants dans une dynamique internationale permettra à n'en point douter à l'économie africaine de prospérer. A l'origine, c'est la France qui créa le Franc CFA, propriété sous brevet français et non africain. La France ne fait en réalité que nous louer le FCFA. C'est pourquoi, en date du 20 Mai 2020, un projet de loi statuant sur la fin de CFA en lieu et place de l'ECO version Macron-Ouattara a été adopté en conseil des ministres du gouvernement français mettant fin à la centralisation des réserves de change de l'UMOA à Paris en actant la suppression du compte d'opération avec cette fois à la clé l'arrimage de l'ECO à l'Euro sous garantie de la France, propriétaire tutélaire du Fcfa. En effet, en 1944 la France ruinée et affaiblie par la deuxième guerre mondiale était en faillite et faisait figure d'une grande malade selon le président Laurent Gbagbo sur l'échiquier internationale à la conférence de Brazzaville. C'est ainsi que le 25 décembre 1945, le nouveau système monétaire international, le Gold Exchange Standard, géré par le FMI enregistra la Valeur (- Or) du Franc Français donnant 1\$ US= 119.50 FF[29]. Le lendemain, le 26 décembre 1945, le général de Gaulle enregistra auprès du FMI pour ses colonies en Afrique, le « *Franc des Colonies Françaises d'Afrique* » selon le décret N° 45-0136 du 26 décembre 1945 et dès cet instant, le Franc CFA fut arrimé au Franc français soit 1 FCFA équivalait à 1.77 FF. La première dévaluation du FCFA aurait due avoir lieu en principe le 25 janvier 1948, lorsque le FF fut dévalué à hauteur de 44.04%.

---

[29] Franc Français

Mais à cette date-là 1 FCFA équivalait à 2FF. Aujourd'hui 1€ équivaut a 655,59 Fcfa.

C'est à partir des années 1960 que l'Afrique noire francophone hérite tout comme la démocratie aux forceps de cette monnaie coloniale le Franc CFA. C'est donc une monnaie à nous imposée. Celle-ci est repartie officiellement sur 03 zones monétaires sous-régionales dirigées par des banques centrales (UEMOA[30], CEMAC[31], BCC[32]) qui ne sont d'ailleurs pas reconnues par La banque des règlements internationaux (BRI) qui est un peu comme la banque centrale des banques centrales. Selon les statuts respectifs de ces banques, elles dépendent toutes en réalité de la France qui les dirige. Bien entendu que toute décision monétaire qui doit s'y prendre pour notre propre intérêt doit avoir absolument l'aval de la France selon Nicolas Agbohou. En plus pour que la France garantisse la convertibilité de nos banques centrales, nous devons reverser 50% de nos réserves de change sur un compte d'opération[33] logé au trésor publique français. Rappelons que la BCEAO au départ la banque du Sénégal avait été créée en 1853 par le gouvernement français du second empire à la suite de l'abolition de l'esclavage dans certaines de ses colonies. Mais Napoléon Bonaparte n'a jamais voulu de l'abolition de l'esclavage, c'est pourquoi le but immédiat de la création de la banque était d'indemniser les anciens propriétaires d'esclaves, qui devenaient les actionnaires de la banque. En 1901, la banque du Sénégal fut dissoute pour donner naissance à la Banque d'Afrique Occidentale (B.A.O) qui avait le privilège de l'émission monétaire à parité égale avec la devise de la métropole. C'est-à-dire que B.A.O émettait une monnaie dénommée le Franc qui avait la même parité que celui de la métropole. Lorsque l'esclavage fut aboli, tous les esclavagistes sont tombés en faillite. C'est alors que l'Etat français a trouvé des mesures idoines, afin de les aider en mettant en place

---

[30] Union Economique et Monétaire Ouest Africaine.
[31] Communauté Economique des Etats d'Afrique Centrale.
[32] Banque centrale du Comores.
[33] Ce compte d'opération sera supprimé avec l'avènement de l'ECO

cette banque qui les aiderait à faire fructifier leurs affaires. Voila comment sont crées ces banques coloniales qui ont permis de financer la colonisation selon le Professeur Mamadou Coulibaly. La monnaie a été crée pour financer la perte de l'esclavage. Donc c'est une monnaie esclavagiste. La monnaie est comme le sang dans une économie. Si le sang est mauvais alors tout le reste sera forcement mauvais. Ainsi, le corps se sentira mal tout comme le sang de l'économie africaine fait beaucoup de mal à notre économie. Quels que soient les problèmes de mauvaises gouvernances, de corruptions, de gabegies, d'infrastructures, il faudrait d'abord guérir le cancer qui gangrène notre économie à travers le sang afin de vaincre ce malaise que vivent les pays africains.

Le Franc CFA contrairement à ce que pense Alassane Ouattara n'est pas une monnaie africaine, ni une propriété des Africains depuis 1960. C'est une monnaie néocoloniale bâtie sur un plan commun afin de piller l'Afrique après les indépendances. Loin donc de toute utopie, le débat sur le Franc CFA a sa raison d'être et trouve sa justification dans l'époque que nous traversons. Le FCFA est une devise d'assujettissement car toute monnaie reste et demeure l'expression de la souveraineté de tout Etat. Raison pour laquelle les 15 de l'UEMOA doivent se battre pour l'avènement de l'ECO souverain en lieu et place de l'ECO trompe-la-mort version Macron-Ouattara adopté en conseil des ministres français. C'est d'ailleurs à juste titre qu'Édouard Balladur pouvait dire: « *la monnaie n'est pas un sujet technique, mais un sujet politique qui touche à la souveraineté et à l'indépendance des États* ».

VII.3 : LA DEPENDANCE ECONOMIQUE DE L'AFRIQUE FACE A L'ENDETTEMENT EXTERIEUR ET A L'EXPORTATION DES PRODUITS DE BASE

L'oligarchie occidentale doublée de l'autoritarisme démocratique a favorisé l'émergence d'un état patrimonialiste donnant lieu à l'économie de prédation de ressources. 60 années d'accords de coopération internationale, de prêts, d'aide publique au développement, d'investissement étranger ont pour la plupart connu des échecs cuisants. En effet, à la fin de la deuxième guerre mondiale, la banque mondiale nouvellement crée a financé certaines métropoles (France, l'Angleterre etc.) afin de leur permettre en retour de financer leurs colonies pour extraire les ressources nécessaires à l'industrialisation de l'Europe, qui faisait figure d'une grande malade car ruinée par la guerre. C'était des prêts largement destinées aux intérêts coloniaux. Des l'entame des indépendances des pays africains, ces prêts leur ont été rétrocédés. Du coup, ces jeunes nations africaines naissantes se sont vues confrontées au problème de la dette dès les indépendances. Dette qu'il fallait d'ailleurs rembourser, car nous n'avons jamais été indépendant en ce sens que la main qui donne, ordonne. A cet effet, elles se sont encore endettées pour rembourser[34] ces dettes. C'est ainsi que la machine de l'endettement à croissance exponentielle de l'Afrique a été enclenchée depuis les indépendances factices avec à la clé des accords de coopération, qui ont constitué plus tard un obstacle à une croissance continue et partagée entrainant un surendettement massif des Etats africains. Ces dettes ont subit des gonflements significatifs jusqu'au début des années 80. L'eurodollar issu du plan Marshall pour la reconstruction de l'Europe a renfloué les caisses des banques européennes qui se sont alors tournées vers l'Afrique pour des investissements. Apres le choc pétrolier des années 1973, les pays de l'OPEP ont à leur tour placé le pétrodollar dans les banques privées européennes. Ce qui créa à nouveau de la surliquidité tout comme pour l'eurodollar conduisant considérablement à un accroissement des dettes privées passant de 36 milliards de dollars en 1970 à 380 milliards de dollars en 1980. Durant cette crise du choc pétrolier provoquant la chute de la croissance économique, les faillites qui s'en sont suivis, ont entrainé une forte crise financière en Europe. Du coup, les européens ont augmenté le pouvoir d'achat des pays en voie de développement en leur octroyant sous certaines conditionnalités une vague de crédit (appelé

---

[34] C'est ce qu'on a appelé « le roulement de la dette ou roll-over »

aide liée) à l'exportation des matières premières, afin de relancer leurs propres productions européennes. Cette aide bilatérale de 26 milliards de dollars en 1970 est passée à 103 milliards de dollars en 1980. Dans un contexte de guerre froide, afin de contrer l'influence des pays de l'Est à la suite de la crise financière des années 80, les institutions de bretons woods dominées par les occidentaux ont incité les pays en voie de développement à prendre plus de prêts multilatéraux à faible taux, afin de financer leur développement. Ces aides en réalité étaient des cadeaux aux présidents dociles alignés sur le bloc Ouest. Dans cette même époque, en dehors de l'aide bilatérale, l'aide multilatérale des pays en voie de développement se chiffrait à 32 milliards de dollars pour la BM et à 12 milliards de dollars pour le FMI. Ce sont essentiellement ces facteurs qui ont contribué à gonfler la dette des pays en voie de développement après les indépendances. Bien évidemment, ces dettes étaient remboursables pas en Franc CFA, ni en Franc guinéen, mais en dollars car les pays débiteurs réclamaient le dollar comme monnaie de change. Donc, sous le poids de la dette la BM obligea les pays africains à convertir leur système économique en système d'exportation à savoir la vente des ressources sur le marché international pour le remboursement en dollars de la dette bilatérale et multilatérale. D'où la dépendance des pays africains à l'exportation des produits de bases pour le règlement de la dette, mais également pour le financement de l'économie. Les pays Africains empêchés d'entreprendre la transformation de leurs ressources agricoles, minières et minéralogiques sont obligés d'exporter les produits bruts sans transformation en occident. Lesquels produits nous reviennent transformés et surfacturés.

La relève du taux du dollar par la réserve fédérale américaine, suite au choc des produits pétroliers et la chute des couts des matières premières sur le marché international dans les années 80, ont emmené certains pays comme le Mexique, le brésil et l'Argentine à déclarer faillite[35]. Certains pays africains forcés par les européens et les financiers occidentaux avaient quasiment délaissé plusieurs cultures de base afin de se tourner vers les matières premières de rente comme le café, le cacao au Cameroun, au Ghana et en Côte d'Ivoire, l'arachide au Sénégal et le Riz en Madagascar. La chute des couts des produits sur les marchés internationaux a entrainé évidemment de fortes récessions économiques dans ces pays africains tournés vers l'importation de biens de première nécessité. Le président Houphouët Boigny en Côte d'Ivoire a dû bruler toute la production de la Côte d'Ivoire en mer suite à la chute des prix des matières premières de rentes sur le marché International. Au Bénin, leur principal produit d'exportation le coton détient 84% des parts de revenus dans les produits d'exportation. Le Café en Ouganda représente 56% de part de revenus dans les produits d'exportations tout comme au Niger, l'Uranium représente 51% de part dans les revenus d'exportation. La dépendance des pays africains encouragés par la BM et le FMI à l'exploitation exclusive de produit de base demeure un véritable danger pour l'économie africaine, qui a tué et continue de tuer notre croissance. L'absence de souveraineté et le manque total de contrôle sur les ressources de nos pays africains pour répondre aux attentes des populations illustrent parfaitement notre humiliation assujettie à la mainmise étrangère sur nos matières premières minières et minéralogiques. Selon Macky Sall: « *Nous n'avons que 3% sur l'or qu'on exploite chez nous. (...) si nous ne révisons pas les termes de ces codes, nos pays seront toujours en conflit avec leurs populations. Parce qu'elles diront qu'on a de l'or, on a du pétrole et on n'a rien fondamentalement en dehors des emplois qui souvent ne sont pas des meilleurs.* » Cela dit, 97% des exploitations de l'or au Sénégal tout comme au Mali, appartiennent aux puissances étrangères.

Au cours des années 80, l'augmentation de la dette avec effet immédiat et la chute des matières premières a fragilisé l'économie des pays dit en voie de développement, qui ne pouvaient plus assu-

---

[35] Doublement des dettes des pays en voie de développement.

rer les remboursements, entrainant ainsi une crise de la dette. Alors, le FMI et la banque mondiale sont entrés en jeu en octroyant aux pays endettés des prêts à taux élevés, afin de rembourser leur dette et éviter une faillite économique des grandes puispuissances « *Prendre crédit pour payer crédit* ». Lesquels prêts devaient être remboursés suivant de profondes reformes émanant du consensus de Washington. Ce consensus a conduit à la mise en place des PAS[36]. C'est à partir de ce moment que les politiques économiques des différents pays africains sont passées sous tutelle des institutions financières internationales. Les PAS sont divisés en deux phases. D'une part, les réformes macroéconomiques du FMI : dévaluation et libéralisation des taux de change ; plan d'austérité budgétaire ; libéralisation du marché du travail et désindexation des salaires… Et d'autre part, les réformes sectorielles de la BM : libéralisation commerciale et financière, privatisation des entreprises publiques et réforme fiscale. Chacun de ces plans était basé sur un Document Cadre de Politique Economique (DCPE) élaboré par le FMI et la BM. Cette politique a permis de mettre véritablement sous tutelle l'économie des pays africains qui ne savaient plus à quel saint se vouer. « *Les émeutes de la faim* » lancées à partir des années 88 ont permis l'effacement de la dette bilatérale de certains pays jusqu'à environ 67 %. Cependant, aucun allégement de dettes multilatérales ne fut remis en cause. Les PAS à travers leur programme de redressement des économies africaines ont mis un accent particulier sur le service de la dette au détriment des services sociaux de base, le désengagement de l'Etat au profit du Secteur privé, la réduction drastique des subventions des produit de base à l'import-export, la réduction du train de vie de l'Etat, la dévaluation du CFA. Selon les données du PNUD dans le monde 2000, en Tanzanie, 46% de la part du budget était alloué au service de la dette, alors que seulement 15% pour les services sociaux de base. En Zambie, 6.7% du budget était alloué aux services sociaux de base alors 40% l'était pour le service de la dette. En Côte d'Ivoire, 35% du budget était alloué au service de la dette

---

[36] Programme d'ajustements structurels

alors que 11.4% servait aux services sociaux de base. Le service de la dette absorbe en moyenne 25 % des recettes d'exportation des pays endettés en Afrique.

Mais malgré toute ces reformes, les PAS furent un fiasco total car très vite, les dettes des pays en voie de développement sont remontées. Dans tous les pays africains, on assista à des résultats mitigés avec un accroissement exponentielle de l'endettement des pays en voie de développement passant de 510 milliards de dollars au début des PAS en 1980 à 1 966 milliards en 2000, entrainant la pauvreté partout en Afrique. L'Echec des PAS a conduit à l'avènement des PPTE afin de réduire, voir d'annuler drastiquement la dette de certains pays en voie de développement. Cette annulation des dettes soumise à des conditionnalités de bonne gouvernance, d'instauration de politique démocratique néolibérale, de démocratisation des sociétés africaines ouvertes désormais au pluralisme politique, de règlement régulier des anciennes dettes rééchelonnées, parachevait la mise sous tutelle de l'économie africaine. Ce qui a amené les 41 pays sélectionnés pour les PPTE à se rendetter pour payer leur dette, afin de leur permettre de répondre aux critères qui leurs permettraient d'atteindre le point d'achèvement, puis le point de décision des initiatives PPTE sur une période de trois ans. En Côte d'Ivoire, le président Laurent Gbagbo a pu honorer les engagements financiers internationaux du pays à sa prise du pouvoir en 2000 dans les conditions calamiteuses suivie d'une rébellion meurtrière en 2002. Ce qui ramena la confiance des bailleurs de fonds lui permettant d'atteindre ainsi le point d'achèvement des PPTE et dont le point de décision a permis sous Ouattara, d'effacer partiellement la dette extérieure de la Côte d'Ivoire. Malgré ces lourds efforts consentis, la dette extérieure de la Côte d' Ivoire sous Ouattara est passée à 14 200 milliards de Francs CFA en 2019 selon la banque Mondiale soit 54,6% du PIB. L'endettement croit plus vite que la croissance en Afrique, alors que l'argent ne circule pas et les populations croupissent sous le poids de la misère. Les pays comme le Mozambique, le Zimbabwe, la Sierra Leone, la Gambie et Bénin affichent les plus fortes hausses de la dette publique.

La dette extérieure des pays pauvres très endettés de 1.966 milliards de dollars au début des PPTE en 2000, est passée respectivement à 2.400 milliards en 2005, 4.800 milliards en 2012 puis à 5.400 milliards de dollars en 2016. Evoluant à un rythme effréné, la dette africaine a atteint en 2017, 57% du PIB du continent contre 30 % en 2013. Or ces pays avec seulement 4% des capacités de production, rassemblent plus de 20 % de la population mondiale. Pourtant, inexistante au début des années 1960, la part privée de la dette a atteint respectivement 36 milliards de dollars en 1970 puis 380 milliards en 1980. Aujourd'hui, l'endettement extérieur total de 44 pays africains atteint environ 6.000 milliards de dollars (source : Banque Mondiale, IDS, 2017). L'accroissement de l'amortissement du capital emprunté constitue la plus grave menace pour les pays africains endettés. Sur 36 pays en développement qui comptent parmi les plus pauvres du monde, nous en avons 22 qui se trouvent en Afrique.

Lancée depuis plus de 18 ans, l'initiative des PPTE a échoué à rendre les dettes africaines soutenables. Le FMI a même souligné que l'endettement des pays pauvres très endettés a atteint des niveaux proches de ceux observés lorsque ces pays demandaient un allégement de leur dette auprès des institutions financières internationales. Sur les 36 pays qui ont bénéficié de l'effacement ou de la réduction de leur dette extérieure, 6 pays présentent un risque élevé, 6 autres pays sont en difficultés, seuls 4 présentent une faible probabilité de renouer avec une situation difficile et 20, un risque modéré. En 2018, une côte d'alerte avait été donnée par l'Agence de notation Standard & Poor's au travers d'une étude transmise le 22 Mai de la même année à l'agence Ecofin : *« L'initiative PPTE a aidé les pays d'Afrique subsaharienne qui en ont bénéficié, à réduire leurs stocks nets de la dette publique de plus de 100% du PIB en 2000 à 24% du PIB en moyenne en 2008, et à 18% en 2011. Mais depuis 2011, les stocks nets moyens de la dette publique ont encore augmenté pour atteindre 53% du PIB en 2017 »*. Au Tchad, le président Idriss Deby Itno, qui n'avait pas imaginé à quel point les 1.4 milliards de dollars octroyé par Glencore asphyxierait sa dette, a parlé de haute *« tromperie »* vis-à-vis du groupe Suisse spécialisé dans le trading de matières premières en Afrique. Tout comme le Tchad, le Congo Brazzaville accumule lui aussi une dette importante vis-à-vis de Glencore. Des cas comme celui du Tchad et du Congo sont légions et se multiplient en Afrique.

Par ailleurs, les tensions commerciales entre les USA et certains pays du monde comme la Chine, l'UE, pèsent sur l'économie mondiale en générale et sur l'économie africaine en particulier. Même s'il est vrai que l'économie subsaharienne connait ces derniers temps, une croissance allant de 2.6% en 2017 à 2,7 % en 2018, l'Afrique pourtant très endettée souffre de la spéculation de matières premières sur le marché de la bourse, des Eurobonds, des fonds d'investissement ou encore fonds vautours, et de la fuite des capitaux due à certains mécanismes malsains, tels que les prix de transfert, le rapatriement de bénéfices et l'évasion fiscale dans les paradis fiscaux. Aussi, il se trouve des investisseurs qui voient dans ces Etats africains surendettés, une opportunité et non un risque. Ces financiers avec pour seul objectif de réaliser un profit maximal, investissent dans les pays endettés en utilisant des pratiques opaques[37] pour se faire rembourser d'où leur appellation d'investissements vautours. Les Etats créanciers renforcent leur rôle de sauveurs de l'Afrique et de soutien au développement, tout en renforçant leur domination sur nos états en contrôlant nos dettes. Ces fonds vautours asphyxient davantage nos économies africaines. En plus, ils facilitent la mise sur pied d'instruments de

---

[37]Les fonds vautours, rachètent à bas prix la dette des Etats africains en difficulté et au premier prétexte légal intentent une action en justice contre ces Etats pour récupérer le nominal de la dette et parfois même des intérêts en complément. Ils n'hésitent pas à saisir les biens vitaux des Etats, même les fonds en provenance de l'aide internationale, ainsi qu'à faire préempter les ressources des pays tant qu'ils n'ont été intégralement remboursés. Ils profitent des plans d'abandon et de restructuration des dettes des Etats. Ils font plier les décideurs des Etats corrompus en communiquant sur les dérives de ces derniers, les contraignant à se plier aux desiderata des fonds sans même attendre une décision de justice.

domination économique, tout en contrôlant nos systèmes de passation de marchés publics à l'image de la FAAJ, conférant aux Etats créanciers, un nouvel outil d'influence africaine. Avec la récession économique en cette année 2020, engendrée par la pandémie du COVID-19, favorisant un allégement de la dette extérieure de certains pays africains, l'Afrique demeure encore davantage, dans la ligne de mire des rapaces financiers. C'est pourquoi malgré l'appui de la FAAJ[38] qui elle-même est financée par l'USAID, l'Afrique doit établir des lois limitant les manœuvres des fonds vautours. Empruntant de moins en moins aux bailleurs de fonds institutionnels, présentement l'Afrique emprunte plus avec les bailleurs privés à faibles taux car les enjeux de la dette favorisent une nouvelle dynamique de répartition du gâteau africain entre les acteurs des créances africaines. Les prêteurs publics notamment à travers l'aide bilatérale ne représentent plus que 16 % de l'encours de la dette contre un pourcentage presque deux fois plus élevé auparavant (33 %).

La crise financière (austérité) qui a frappé l'Europe dans les années 2008 due à une faillite de la Grèce a favorisé l'avènement des eurobonds ou euro-obligations permettant aux pays africains d'investir dans des titres de créance à plus haut risque. Les pays africains ont ainsi commencé à émettre des eurobonds (emprunts obligataires internationaux) et à solliciter le marché international des capitaux. Les obligations ont détrôné les emprunts en doublant assez rapidement, passant de 21 à 42 % de l'encours de la dette. Depuis 2004, 23 pays ont commencé à lancer des obligations sur les marchés financiers. En Afrique, plusieurs pays sont débiteurs d'euro-obligations. A part l'Afrique du Sud, la Tunisie et le Maroc, les Seychelles furent le premier État d'Afrique Subsaharienne à émettre un eurobond en 2006 d'une valeur de 30 millions USD, alors que le Ghana fut le second avec un eurobond d'une valeur de 750 millions USD à un taux de 8,5% sur 5 ans. Par la suite le Ghana a eu recours à ce mode de financement à 5 reprises (2013, 2014, 2015, 2019). Au sein de l'UEMOA et de la CEMAC, l'émission

---

[38] La Facilité Africaine d'Aide Juridique mis en place en 2010 par la BAD.

d'eurobonds est restée limitée à 5 pays : Gabon (2007, 2015, 2017), Congo(2007), Cameroun(2015), Sénégal (2009, 2011, 2014, 2017, 2018), Côte d'Ivoire (2010, 2017, 2018). Entre 2010 et 2017, d'autres pays d'Afrique subsaharienne ont émis des eurobonds tels que la Tanzanie, la Zambie, le Mozambique, le Nigeria, l'Afrique du Sud, l'Éthiopie, le Kenya et l'Angola. Le Nigeria quant à lui a levé près de 8,1 milliards de dollars en obligations en 2012. En 2013 pour sa première émission, le Rwanda a lui-même émis quelque 400 millions de dollars d'euro-obligations à un taux de 6.875%. En 2015, le Cameroun a mobilisé 750 millions USD pour sa première émission d'obligations internationales avec un taux d'intérêts de 9,75% retombant à 8.8% après un Swap[39]. Le Congo et le Mozambique ont été les premiers pays africains en 2017 à manquer aux paiements d'eurobonds, et les conséquences leurs ont été très fatales. Les eurobonds, les plus défavorisés en Afrique selon Bloomberg furent au Congo, qui a perdu 12% en titres en juillet 2017 suite au manquement du paiement. Durant la période 2007-2017, on estime le montant levé par ces Etats à un peu plus de 20 milliards USD. En 2018, la Côte d'Ivoire avec 1,7 milliards d'euros levés en deux tranches pour des maturités respectives de 12 et 30 ans à un taux de 6,625 %, a signé la plus importante émission en devise européenne réalisée par un pays africain. Rien que sur les premiers mois de 2018, cinq pays de la région à savoir le Kenya, le Nigeria, le Sénégal, le Ghana et l'Afrique du Sud ont mobilisé un montant cumulé de 10,7 milliards $ d'émission. Justement, le Sénégal pour son 5eme emprunt international a obtenu 2,2 milliards de dollars avec le plus bas taux à 30 ans du continent. Comme annoncé par l'Agence Ecofin le 8 janvier 2019, pourtant interdit par le FMI et la BM, le Ghana a émis pour 3 milliards USD d'obligations sur le marché international de la dette. L'opération se décompose en trois tranches selon les maturités. La plus petite tranche a reçu un taux d'intérêt de

---

[39] Le swap (de l'anglais *to swap* : échanger) ou contrat d'échange ou l'échange est un produit dérivé financier. Il s'agit d'un contrat d'échange de flux financiers entre deux parties, qui sont généralement des banques ou des institutions financières.

7,9%, tandis que les deux autres tranches plus importantes ont reçu respectivement des taux de 8,1 et 9%. Depuis le début du programme (FEC[40]) du FMI en 2015 qui a pris fin le 20 Mars 2019, et que Nana Akufo-Addo n'a pas souhaité renouveler le pays a redressé la barre passant de 17 % d''inflation sous la barre des 10 %. Le déficit est à 3,7 % du PIB et ne doit jamais dépasser 5% selon une loi ghanéenne.

La majeure partie actuelle des réserves internationales de plusieurs pays d'Afrique subsaharienne sont sous fortes pressions. En raison donc de ces pressions élevées sur les liquidités à cause des réserves internationales faibles, la dette extérieure des pays Africains pourrait s'alourdir. Le fait d'avoir davantage de dettes extérieures libellées en devises étrangères expose dangereusement nos états face aux fluctuations de change, entrainant souvent l'augmentation du fardeau de la dette libellée en devise étrangère. Tout comme le Ghana en 2014, la Zambie a subit en 2015, une pression due au ratio dette extérieure/PIB du pays, qui avait grimpé de l'ordre de 10 % à la suite de la dépréciation du kwacha[41]. Les pays soumis à un régime de taux de change fixe, s'exposent à un risque accru de dépréciation. C'est le cas des pays de la zone CFA et autres. L'Angola a ainsi diminué la valeur fixe du kwanza en janvier 2018, tout comme le Nigeria l'a fait pour le Naira en 2016 et 2017. L'Afrique doit se munir de « *structures globales de gestion de la dette* » en investissant avec efficience afin d'être capable de rembourser ses dettes. Les émissions souveraines ne sauraient être des remèdes durables à la problématique des dettes africaines. C'est pourquoi, nous invitons les pays d'Afrique à travers la CEA[42] à créer un cadre macroéconomique stable pour éviter une accumulation de la crise de la dette. Les pays africains doivent financer eux même leur développement en ayant recours aux excès des avoirs en devises des banques centrales pour soutenir notamment la transformation structurelle de leurs économies à

---

[40] Facilité de crédit prolongé
[41] Franc Zambien
[42] Communauté économique africaine

travers une industrialisation forte, seule porteuse d'espérance. Il revient donc aux africains d'anticiper sur le surendettement et de proposer une solution économique adéquate pour l'Afrique au risque de subir une solution qui nous enfonce d'avantage. Cette dynamique des Obligations semble désormais indissociable de l'analyse des cadres macroéconomiques des pays africains. L'Afrique subit plusieurs formes de pillage de ses ressources, seule l'intégration pourra nous apporter une prospérité économique en développant un marché local des capitaux. L'émergence d'une autorité supranationale dans le cadre de cette intégration visera à coordonner et gérer les affaires économiques du continent. Il est clair que le service de la dette, les euro-obligations et les fonds vautours sont la résultante de l'échec du processus de démocratisation des états africains détournant les fonds destinés en réalité au développement et aux services publics de base. Etant donné que c'est la main qui donne qui ordonne, la charge financière imposée aux pays africains réduit fortement notre souveraineté économique, nous rendant davantage dépendant des prêts des institutions financières internationales et de leurs conditionnalités. En réalité, nous ne sommes libres qu'en apparence, notre économie est sous tutelle sans poids réel au niveau international, menacés d'être mis à l'amende si nous n'obéissons pas, avait dit Laurent Gbagbo. L'Afrique doit créer un changement de paradigme en stoppant toutes les causes de l'hémorragie économique avilissante dont sont victimes nos Etats.

Chapitre VIII

La réforme des états africains de l'extérieur

Apres les indépendances, l'Afrique a connu le règne de l'Etat-policier ou l'arbitraire et l'impunité étaient commis en toute liberté. L'oppression coloniale exercée sur les peuples d'Afrique à travers l'administration néocoloniale s'est prolongée au lendemain des indépendances dans l'administration publique de nos états dominés par des régimes autoritaires. Aujourd'hui, l'état de droit en fonction des exigences démocratiques imposées est devenu la locomotive des pouvoirs publics en quête de légitimité. Elle l'est tant bien pour les gouvernants en quête de légitimité au niveau national, international, voire pour la société civile. L'administration publique des états africains se trouve confrontée au respect absolu et contraignant de ces nouvelles normes démocratiques dont la mise en application sur le terrain pose problème au risque de ne pas bénéficier de certains avantages liés aux aides bilatérales et multilatérales. Même, si les stigmates de l'état policier demeurent encore fortement en Afrique, la mise en place d'un appareil juridique compétent crédible et indépendant dans un état démocratique, constitue une condition absolue pour le respect de l'état de droit afin de garantir la bonne gouvernance basée sur le principe de la légalité. Les politiques de reformes étatiques et de reformes publiques de l'extérieur répondent à un processus de codification du comportement des Etats Africains. Elles semblent définir la construction d'un système de sens autour de ce que devrait être les politiques publiques en Afrique. Ces immixtions à vocation démocratique dans les états africains correspondent essentiellement à la violation même du principe dit démocratique de nos états de sorte que les problèmes nationaux en rapport avec la démocratie sont transformés en problèmes internationaux avec à la clé un agenda caché de déstabilisation des pays africains dirigés par des chefs d'Etat insoumis. Les pays africains sous pressions extérieures de plus en plus se tournent par obligation extérieure vers des institutions juridictionnelles qui n'existaient pas au temps du parti unique. La mise sous contrôle de l'appareil de l'Etat par les contrôleurs de l'Etat ou des juges administratifs, l'indexation du politique dans une cours de justice sont désormais choses possibles pourtant autrefois impossibles sous le parti unique. Les nouvelles constitutions africaines basées sur une justice constitutionnelle et administrative ont débouché sur la mise en place d'un cadre juridique permettant de contester les décisions du politique tout comme cela se fait au Benin et au Burkina. Au Cameroun, lors du contentieux électoral, le Conseil constitutionnel a examiné pendant deux jours les 18 recours en annulation partielle ou totale de la présidentielle du 7 octobre 2018. Les requêtes en annulation partielle ou totale introduites par des candidats à la présidentielle du 7 octobre dernier ont fait l'objet du procès du scrutin en mondovision, symbolisant une transparence affichée par le législateur pour crédibiliser le processus.

En Côte d'Ivoire, le conseil constitutionnel, la plus haute autorité constitutionnelle avait déclaré Gbagbo vainqueur. Mais son verdict a été rejeté par l'injustice internationale des grandes puissances qui ont décidé de faire sous le couvert de la résolution 1975 dévoyée de l'ONU une guerre ouverte au président Laurent Gbagbo, se soldant par sa chute et sa déportation à la Haye. Parce que démocrate avéré, Gbagbo Laurent avait entrepris de profondes réformes institutionnelles au travers de sa politique de refondation enviée, jalousée et freinée par des « Kouglizia[43] ».

Une politique pragmatique de reformes en profondeurs du système de fonctionnement et du model socio-démocratique de la société ivoirienne fut entreprise par le FPI tout en refusant une indépendance sous tutelle. Estimant que les relations paternalistes avec la France empêchaient et étouffaient le plein épanouissement de notre nation, la remise en question des fondements existentiels même du pacte colonial hérité des indépendances était l'un des chevaux de bataille du FPI. Il fallait renégocier les accords de partenariats économiques dans le cadre d'un partenariat gagnant-gagnant et non de dupe. C'est ce que s'attelait à faire le gouvernement souverain du président Laurent Gbagbo à travers ses reformes d'envergures, quand il fut stoppé net par une horde de rebelles européanisés. Il était question de vouloir fonder une nation au service du peuple ivoirien et non pour l'enrichissement de la France. La refondation à travers des élections multipartites, était sortie du monopartisme étatique, de l'absence de débats contradictoires et du centralisme étatique avec ses abus de pouvoir ainsi que de l'étouffement des libertés démocratiques à travers une décentralisation des structures politiques et administratives du pays. La refondation encouragea la diversification de la coopération économique et politique avec d'autres partenaires dans le monde. Elle entreprit la révision de la répartition des revenus des produits comme le café et le cacao en faveur des paysans en vue de leur assurer une prise en charge sociale et médicale. Par la promotion de l'agriculture vivrière, le gouvernement de Laurent Gbagbo à travers ses reformes agricoles voulait parvenir rapidement à l'autosuffisance alimentaire tout comme Thomas Sankara voulut le faire au Burkina. L'entreprise d'une politique audacieuse de réforme sanitaire à travers la création d'une assurance maladie universelle (AMU) et l'école publique gratuite pour tous étaient les piliers centraux de la politique gouvernementale mise sur pieds par les socio-démocrates ivoiriens. Alors qu'ils étaient en plein dé-

---

[43] Signifie oiseaux de mauvais augure en langue de bhété de Côte d' Ivoire

ploiement tous ces projets salvateurs pour la pleine autonomisation de notre indépendance dans ce changement de paradigme, ont été arrêtés net par les occidentaux car les premiers résultats palpables de cette politique audacieuse faisaient trembler le monde occidental. La Cote d'Ivoire à travers cette autonomisation naissante affirmant une indépendance affichée ne prenait plus d'ordres (dictée) de l'hexagone avant de se prononcer sur les grands enjeux stratégiques de notre époque. La vulgarisation du concept : « *Quand il pleut à Paris, Abidjan est mouillé* » avait perdu tout son sens sous la refondation. Ce fut le même cas en Libye ou le Colonel Kadhafi à travers son système politico-religieux incarné par la Jamahiriya arabo-libyenne avait donné un autre visage au pays. Il fit pousser la graine de l'espoir dans le désert de désespoir libyen.

Comme on peut le voir, la reforme et l'administration de l'Etat en Afrique découle d'un modèle démocratique néolibéral hérité des grandes puissances, confrontée à des réalités du terrain. En conséquence, les prises de décisions politico-juridiques allant à l'encontre des choix géopolitiques et géostratégiques des donneurs d'ordres comme les gouvernants ou encore les occidentaux se heurtent violemment à l'autorité. En Afrique, plusieurs tentatives de développement endogène de nos états à travers des politiques de réforme et politique publique à l'image de Gbagbo et Kadhafi se sont heurtées à l'intransigeance et aux contraintes des ordres émanant de l'extérieur. Les politiques de réformes institutionnelles, de réorganisation de l'administration publique, de développement industrielle élaborées dans plusieurs pays africains à l'image du Cameroun, de la Côte d'Ivoire, du Zimbabwe tout comme du Burkina ont échoué par la faute de l'oligarchie clientéliste occidentale, qui refusait au nom de la démocratisation aux forceps l'autonomie propre des Etats africains à disposer d'eux-mêmes et pour eux-mêmes afin d'amorcer leur propre émancipation politico-économique. Au Burkina, opposé farouchement aux mesures impérialistes et néocoloniales élaborées et imposées par les institutions financières internationales, Thomas Sankara a voulu entreprendre une politique de développement stratégique afin de parvenir à une autosuffisance alimentaire. C'est pourquoi, il affirmait ceci: « *Notre pays produit suffisamment de quoi nous nourrir. Malheureusement par manque d'organisation nous sommes obligés de tendre la main pour demander des aides alimentaires. Ces aides qui nous bloquent, qui installent dans nos esprits des réflexes de mendiants et d'assistés, nous n'en voulons plus. Nous devons produire plus, car il est normal que celui qui vous donne à manger vous dicte ses volontés.* » A cet effet, il mit sur pied une politique volontariste et développementaliste de reformes stratégiques basées sur les ressources propres du pays, qui ont produit en un temps records des résultats escomptés et appréciés de toute l'Afrique. Il usa de mesures protectionnistes afin de stimuler la croissance à travers ses progrès réalisés. Au Cameroun, Le Président Ahidjo avait initié une série de réformes afin de se défaire de la tutelle coloniale. Il consolida le dispositif institutionnel de l'économie nationale en réorganisant le Ministère de l'économie et des finances. La mise en place d'un fond souverain et l'octroi d'aide financière aux nationaux a permis au gouvernement camerounais de favorisé l'essor d'une bourgeoisie compradore consolidant l'économie nationale. La politique du gouvernement camerounais de l'époque via les nationalisations entreprises, leur permis de mettre la main sur la majeure partie des agréments de projets industriels et sur les licences d'exploitation des produits de grande consommation. Le Camerounais panafricaniste dans l'âme, jaloux de sa souveraineté, n'a jamais admis le pillage de ses ressources minières par cette « predatocratie » occidentale. De nos jours, le sous-sol camerounais par cette politique initiée par Ahidjo et entretenue par Paul Biya, demeure l'un des plus convoité dans le monde.

La promotion de la démocratie en Afrique se traduit par la mise en œuvre d'instruments internationaux d'actions publiques ouvrant la voie au réceptacle de modèle institutionnel importé. La mise en œuvre de ce modèle s'est accentuée avec les conditionnalités de l'aide publique au développement formulées par les institutions financières internationales. Apres l'échec des pouvoirs publics qui n'ont pas su donner aux populations le développement escompté par la faute des mainmises obscures, la bonne gouvernance pour l'instauration de démocratie pluraliste semblait être la panacée des institutions financières, afin de mettre les pays émergents sous assistanat chronique. Et cela, dans un élan de paternalisme humiliant au nom de l'ingérence démocratique institutionnalisée tendant à imposer un modèle sous fortes pressions extérieures et sous menace de recours à la force ou conditionnalités. La bonne gouvernance généralisée s'est institutionnalisée à travers ses effets de restructuration du système politique des Etas africains et des acteurs de la société civile. Les acteurs de la cause démocratique s'alignent sur l'anormalité dans un cadre d'interprétation de l'action publique en Afrique comme un enjeu du débat public international. Certaines organisations non gouvernementales occidentales appuyées par une presse aux ordres à travers des réseaux mafieux de déstabilisation des Etats africains, afin d'assurer la protection des intérêts de leurs mandants sont en scène partout en Afrique pour la mise en œuvre des maux qui gravitent autour du manque de démocratie et cela au nom du droit d'ingérence, de la défense préventive, du droit humanitaire ou des droits de l'homme.   Ces derniers, malgré leurs comportements despotiques ont réussi un fait. Celui de faire passer dans l'opinion publique internationale l'idée du déficit de démocratie comme cause des malheurs des populations africaines. Dans la réalité, ils n'ont pas tout a fait tort dans la monstration de l'échec cuisant de la démocratie qui a trahi tout un continent. De ce fait, ces institutions internationales sont conscientes que la démocratie importée en Afrique est un leurre. Bien plus encore, elle constitue dans cette dynamique internationale d'actions publiques transnationales, la voie légale normative d'ingérence politico-économique dans les affaires internes des Etats en contribuant activement ainsi au pillage systématique des ressources africaines. À l'ère de la bonne gouvernance institutionnalisée, l'action publique est devenue une affaire chèrement partagée. Les institutions étatiques montrant des signes pathologiques avancés de l'administration publique et de la gestion de la chose publique n'ont plus le monopole de la mise en œuvre des politiques publiques car des acteurs non gouvernementaux détiennent désormais par le biais de forces extérieures, une légitimité leur permettant d'interagir sur l'action publique. Au Sénégal, en Tunisie, au Burkina, au Soudan et en Algérie, les actions de la société civile ont éveillé une prise de conscience nationale conduisant à des changements de régimes, fruit de la croissance issue d'alternances démocratiques. Ces derniers ont fait entendre leur voix en tant que premiers bénéficiaires et usagers des services publics car l'Etat selon l'école de la pensée en science politique américaine du public, est un frein au développement de la société. La politique de réforme des Etats africains de l'extérieur s'illustre véritablement par l'utilisation d'instruments dans le cadre de l'action publique internationale. Le déploiement de ces instruments est un véritable laboratoire d'analyse démocratique de bonne gouvernance favorisant la mise sous tutelle des Etats Africains pourtant souverains. C'est pourquoi, il est capital selon Koné Katinan que *« la souveraineté se situe en amont de la formation de l'Etat et irrigue celle-ci en permanence. »* Parce que la souveraineté en plus d'être une question d'autodétermination et de liberté d'expression, demeure la capacité de faire ses propres choix et de les assumer totalement à l'intérieur comme à l'extérieur de nos frontières. En ce sens, toute politique de réforme des Etats en Afrique doit être basée sur la question de la souveraineté qui reste et demeure la contradiction principale.

La conditionnalité politique de l'aide économique et de l'aide publique au développement en toute violation de notre souveraineté, apparait comme l'instrument privilégié qu'utilisent les occidentaux au nom de la bonne gouvernance pour le rayonnement et la promotion de la démocratie en Afrique.

De sorte que de nos jours, la plupart des grands projets structurants d'actions publiques et de reformes en Afrique dans ce millésime qui débute, gravitent autour du processus de bonne gouvernance, cheval de Troie du droit d'ingérence dans les affaires internes des Etats en Afrique. Pourtant, le programme d'ajustement structurels de la banque mondiale et du FMI à travers le document cadre de réduction stratégique de la pauvreté (DCRSP) reconduit sous les PPTE dans une large mesure et à quelques différences prés ont contribué largement non seulement au démantèlement de l'administration publique des pays émergents, mais également à la mise sous dépendance des Etats africains. Ces programmes des institutions financières internationales face au système politique qu'elles sous-tendent, facilitent et amplifient la vulnérabilité et l'instabilité économique des Etats Africains car le fonctionnement qui en découle exacerbe l'endettement. Bien entendu que c'est dans l'augmentation de la dette qu'elles trouvent leur légitimité. Le désengagement de l'Etat au profit du secteur privé, la reforme étatique de l'action publique enclenchés par les institutions de breton Woods ont contribué non seulement à désacraliser les armoiries souverainistes et institutionnelles, mais également à décrédibiliser l'Etat et à creuser le faussé entre les gouvernants et les populations africaines. Même, si toutes les actions de politiques publiques gravitent autour de l'Etat en Afrique, ces reformes imposées par les donneurs d'ordre de la finance internationale ont contribué à rendre inefficace et à affaiblir davantage le rôle majeur de l'Etat dans l'organisation, la régulation des affaires publiques et dans la fourniture de service de base.

Alors que les citoyens européens se tournent de plus en plus vers des mouvements et associations militants comme les gilets jaunes parce que le pluralisme politique issu de la démocratie a montré ses limites, c'est en ce moment qu'on assiste à une multitude de création de partis politiques en Afrique. Le monitoring des reformes étatiques tout comme celui des élections en Afrique est une grave atteinte selon le Professeur Luc Sindjoum à la souveraineté des pays Africains. Toutes les reformes entreprises en Afrique ne sont non seulement pas négociées, mais elles sont opérées de façon flagrante en dehors de tout cadre de négociation et de compromis sociopolitique. Pourtant toutes reformes étatiques aussi préjudiciables soit-elles devraient faire l'objet de consensus national dans le cadre d'un centralisme démocratique. Sans consensus national les pays africains sont soumis à des impératifs qui conduisent à repenser le rapport entre gouvernants et administrés. En Afrique, la plupart des fonctionnaires de l'administration publique tirent leur légitimé de leur soumission au gouvernement issu des élections. Lequel gouvernement a adopté de façon contraignante le model constitutionnel des occidentaux qui a été institutionnalisé.

Comme exemple, l'article 20 de la constitution française qui consacre la subordination de l'administration au gouvernement en exercice a été singée par plusieurs pays d'Afrique noire francophone. Cette administration s'est transformée au fur et a mesure en un instrument régulant la vie politique des Etats. C'est le produit de capitalisation hérité de la colonisation dont l'on nous avait fait croire qu'elle serait un facteur essentiel de la modernité pour l'équilibre salutaire dans la mise en œuvre des politiques de développement et de bonne gouvernance. Toutes les mutations que subit l'administration publique en Afrique sont singées par mimétisme sur la métropole en désaccord total avec nos US et coutumes dans le contexte de la construction d'un soi-disant Etat de droit démocratique assujetti pourtant à un surendettement démesuré. La démocratie a apporté la pauvreté à l'Afrique. Que vaut une liberté factice dans la pauvreté ? Le service de la dette mobilisant en moyenne 50% des économies au détriment des services sociaux de base des Etats africains amoindrit les moyens de l'Etat et contribue à accentuer la paupérisation galopante sous toutes ses formes au sein des gouvernements africains sous tutelle. Selon le Ministre Ahoua Don Melo, « *toutes les tentatives démocratiques ont échoué jusqu'à présent par le simple fait de l'autoritarisme venant de l'intérieur (hommes politiques) ou de l'extérieur (coups d'Etat)* ». Les politiques de réforme souveraine de l'Etat, et les politiques publiques des pays africains sont gangrenées par une mainmise extérieure opaque se matérialisant par une immixtion dans les affaires internes des états favorisant l'arrêt ou l'échec des gouvernements à travailler résolument pour le bien-être des populations bénéficiaires du fruit de la croissance. Toutes bonnes gouvernances matérialisées par une croissance à deux chiffres en Afrique comme on le constate au Sénégal, en Côte d'Ivoire financée de l'extérieur, exécutée par l'extérieur et au profit de l'extérieur ne peut qu'exclure du fruit de la croissance les hommes d'affaires locaux, les demandeurs d'emploi et de services sociaux et donc engendrer une pauvreté à deux chiffres. Telle est la mission selon Ahoua Don Melo des régimes dociles en Afrique, « *imbécilisés* », installés de l'extérieur par l'extérieur et au service exclusif de leurs mandants. La conditionnalité démocratique facteur de bonne gouvernance donc de croissance devint ainsi un principe normatif d'ingérence incontournable avec de puissants effets de structuration sur les gouvernants africains dans le seul but d'imposer un modèle surdimensionné de normalisation de l'action publique. Pourtant, il est évident que l'ingérence démocratique des grandes puissance en Afrique se justifie par un motif essentiel de pillage et de dépossession de l'Afrique de ses ressources propres comme le soutien toujours le Ministre : « *La longue guerre du cacao faite par la France conservatrice et ses alliés locaux à la Côte d'Ivoire de 2002 à 2011, a eu raison du régime Gbagbo et installé un régime de l'extérieur au service exclusif de l'extérieur ce qui entraîne un drainage des richesses par tous les moyens légaux et illégaux vers l'extérieur.*»

Pour garantir leurs succès économiques, la réforme de l'Etat en Afrique est considérée à présent comme une précondition. Ce processus permet aux bailleurs de fonds occidentaux de s'octroyer des droits prérequis pour intervenir profondément dans le tissu socioéconomique des Etats Africains. Le succès du processus d'aide publique au développement, lieu privilégié de la malversation occidentale institutionnalisée conduit à la transformation du rôle des Etat Africains et à la « *reconceptualisation* » des politiques publiques de réformes administratives préalables à la bonne gouvernance. Le délaissement de certains politiques étatiques imposées par les institutions financières, entraine dans nos nations la « *désatisation* » du rôle majeur de l'Etat dans la centralisation de la gestion des reformes publiques. Pourtant en Afrique, l'Etat demeure un acteur central majeur dans la politique de réorganisation de l'action publique. Loin d'être politiquement neutre, cette desatisation qui enrichie l'hexagone, entraine de lourdes conséquences sur les nations africaines soumises à des pressions extérieures réorientant de facto le rôle de l'Etat dans la promotion de stratégie technique d'institutionnalisation. Les programmes d'ajustements structurels tout comme les PPTE impliquent un retrait névralgique majeur dans le domaine de la production. En effet, cette politique d'infantilisation et d'assistanat chronique de nos états orientée essentiellement selon la banque mondiale autour de la gestion du secteur public, la responsabilisation, le cadre juridique du développement, l'information et la transparence ne prend pas en compte le secteur de la production. Ce processus écarte toutes possibilités d'industrialisation des Etats africains développant dans une large mesure un accès sans barrière aux produits industriels européens au marché africain à travers les accords de partenariats économique(APE). Voilà le bien-fondé de leur politique esclavagiste d'exploitation sous le couvert dit de bonne gouvernance, qui en réalité exécute un agenda caché des grands maitres impérialistes arcboutés sur leur domaine d'intérêts mesquins et égoïstes. Cette dynamique externe dans le processus de démocratisation en Afrique reflète l'idée selon laquelle : une politique de bonne gouvernance n'est bonne que si elle favorise l'enrichissement massif de l'oligarchie clientéliste au détriment de la collectivité dans un breuvage orienté savamment institutionnalisé. En réalité cette politique avant-gardiste de bonne gouvernance, fruit de la « *prédation préventive économique* » émanant de la démocratie Anglo-Saxon, s'inscrit dans une volonté d'extraire toujours plus de ressources aux africains, compromettant à long terme le développement des Etats, entravant ainsi les perspectives de bien-être des populations. C'est pourquoi, nous proposons « l'Afrocratie » comme solution car l'Afrique doit inventer elle-même son propre système politique qui garantira l'avenir de ses populations sans ingérence aucune d'une quelconque force extérieure.

Chapitre IX

L'évolution des relations françafricaines

IX-1 : UN PATERNALISME GENANT AU NOM DE L'HISTOIRE COMMUNE :

Depuis Napoléon Bonaparte jusqu'au président Emmanuel Macron, la politique extérieure de la France à l'égard de l'Afrique reste et demeure la même. Elle a certes changé sur la forme, mais dans le fond, elle reste la même à savoir asseoir la prééminence de la grande France civilisatrice sur les nations les plus faibles tout en pillant leurs ressources dans un semblant de paternalisme exsangue. En réalité, Napoléon Bonaparte n'a jamais voulu de l'abolition de l'esclavage. C'est pourquoi, cette abolition obtenue aux forceps continuait dans les protectorats français et jusqu'à nos jours sous une nouvelle forme d'esclavage dite « *moderne* ». Tout comme le monarque Bonaparte devenu sacrée Empereur sous l'appellation de Napoléon Ier, le général De gaulle successeur de René Coty sous la 5eme République n'a jamais voulu aussi octroyer l'autodétermination aux pays africains pourtant décidée à la conférence de Brazzaville en 1944. Le 30 janvier de cette date lors de son allocution durant son discours d'ouverture à cette conférence, De Gaulle avait affirmé la nécessité d'engager les colonies *« sur la route des temps nouveaux »* dans les nouvelles relations avec la métropole. Mais, il réfuta l'idée même de l'autonomie des colonies avant de se raviser *: « toute idée d'autonomie, toute possibilité d'évolution hors du bloc français de l'Empire : la constitution éventuelle, même lointaine, de self-government dans les colonies est à écarter».* C'est la raison pour laquelle la décolonisation parsemée de révoltes tous azimuts dans les protectorats français, s'est soldée par l'obtention des indépendances. C'est bien parce qu'il ne voulait pas des indépendances des pays africains que la Guinée, qui avait refusé d'appartenir à la communauté en 1958, a subit le courroux de la mère France. Nous nous rappelons encore à cet effet des paroles fortes du célèbre discours d'Ahmed Sékou Touré face à De Gaulle à savoir : « *Nous préférons la liberté dans la pauvreté que la richesse dans l'esclavage* ».   L'intention du Président Sékou de mettre fin au diktat colonial de la France en Guinée Conakry provoqua aussitôt le départ de trois mille Français qui se mirent avant de partir à détruire tant de biens parmi lesquels les bâtiments administratifs, vaches, voitures, médicaments, tracteurs, chevaux, dépôts alimentaires, afin de punir les Guinéens de cette audace fouettant leurs intérêts mesquins et égoïstes. Par contre, ces refus se sont soldés dans certains pays par la mise sous éteignoir de plusieurs leaders africains à velléités indépendantistes. Dans cette même veine, la première personnalité politique à revendiquer l'indépendance politique au Cameroun Ruben Um Nyobé, le Mpodol fut assassiné le 13 septembre 1958 à Boumnyebel. Apres avoir osé refuser de signer le pacte néocolonial proposé par De gaulle, le premier président de la République du Togo Silvanus Olimpio fut exécuté par des militaires à la solde de la françafrique. Quant au président Barthelemy Boganda, le père du sursaut Centrafricain prétendument mort dans un mystérieux accident d'avion en mars 1959, avait été déporté dans une prison française aux Antilles selon les confidences du Roi Hassan II du Maroc au Président André Kolingba ou il mourut en détention. La « Loi-cadre » du 23 Juin 1956 adoptée sur l'initiative de Gaston Deferre alors Ministre de la France d'outre-mer en réalité est la preuve matérielle que la France n'a jamais voulu accorder la liberté à ses colonies à travers sa politique d'administration directe. Cette preuve est plus vivace avec les affirmations de René Dumont qui raconta que De Gaulle lui avait dit en 1958 d'élaborer un programme dans le domaine agricole, afin d'avoir une mainmise sur les ressources agricoles de toutes les colonies françaises d'Afrique. C'est justement dans cet esprit-là que cette loi d'orientation sous forme de programme définissant les grandes lignes de la mise sous coupe réglée des colonies françaises est née. Elle se matérialise par une politique infantilisante et assujettissante dont les domaines d'application sont définis par des décrets et accords de coopérations secrètement biaisés traduisant la volonté d'une mainmise perpétuelle. Avant cette loi, la France s'endettait et parlait déjà au nom de ses colonies dans les plus grandes instances et institutions financières du monde. Cette loi à son avènement légitimait clairement la France à agir et à parler encore plus au nom de ses colonies devant les nations unies en mettant en œuvre les réformes et en prenant les mesures propres à assurer l'évolution des territoires relevant du ministère de la France d'outre-mer. Cette Loi-cadre permis au Cameroun tout comme aux autres colonies Françaises d'Afrique noire d'accéder à l'autonomie interne passant de statut de territoire sous tutelle à celui d'Etat sous tutelle désormais reconnue avec citoyenneté respective. Avec l'accès à l'indépendance des Etats africains, la loi-cadre fut revue, transformée et réadaptée à travers des accords de coopération afin de maintenir le tutorat français sur les nations africaines nouvellement libres. C'est dans cette optique qu'Houphouët Boigny dont les fleurs se sont fanées sur le parvis de l'Elysée à défaut de célébrer un mariage avec la France qui n'était jamais venue à la célébration des noces, opta pour un paternalisme gênant dans un concubinage incestueux suivi par les autres pays d'Afrique francophone.

IX.2- LES DETERMINANTS DE LA POLITIQUE AFRICAINE DE LA FRANCE

Apres les indépendances en masse des pays africains, très vite les pays dits développés mettent en place une politique d'exploitation de leurs néo-colonies, qui leur permet d'avoir une mainmise directe politico-économique sur leurs protectorats respectifs. La néo-colonisation se transforma dès lors en Eurafrique. Ce nouveau système avait pour objectif de maintenir les pays africains dans une certaine dépendance vis-à-vis des métropoles. C'est le bien-fondé de la françafrique en ce qui concerne les colonies françaises. C'est un système autodégradant selon François

Xavier Verschave, qui se récrimine à travers le pillage de masse, des coups d'Etat, des compromissions, des détournements de fonds, des financements occultes, des coups tordus etc. Depuis le général De Gaulle et ses réseaux Foccart, le déterminisme de la Françafrique n'a jamais véritablement disparu. En effet, il existe plusieurs déterminants de la politique africaine de la France. Nous avons d'un côté les acteurs de la politique française en Afrique et de l'autre côté nous avons les motivations et intérêts d'ordres stratégiques. Il existe des acteurs gouvernementaux et des acteurs non gouvernementaux.

Les principaux acteurs gouvernementaux de la politique française en Afrique sont l'Elysée (Président de la République française), Matignon (Premier Ministre), le Ministère des affaires étrangères anciennement Ministère de la coopération, le ministère de la Francophonie, le quai d'Orsay (l'armée française) et l'assemblée Nationale Française. Les acteurs non gouvernementaux sont les ONG, les africains européanisés (suppôts de la France en Afrique) tels que certains chefs d'Etat, les multinationales et les réseaux opaques parallèles dirigées par des hommes de l'ombre tels que Jacques Foccart, Maurice Robert du SDECE, Bob Denard de la main rouge, Guy Pen, Charles Pasqua, Jean-Christophe Mitterrand, Patrick Balkany, Robert Bourgi, Claude Gueant, sous les ordres directs de l'Elysée. La majeure partie de tous ces acteurs de la politique française en Afrique sont animés par des motivations et intérêts d'ordres purement géopolitiques, géostratégiques et géoéconomiques. De 1959 à 2019, la France a connu 08 présidents[44] de la République. Durant ces 50 années de mainmise totale sur l'Afrique noire francophone, l'idéologie de ces 08 présidents français reposait exclusivement sur l'assertion du général De Gaulle à savoir : « *La France n'a pas d'ami, elle n'a que des intérêts* ». L'Afrique noire francophone, malgré les cadeaux empoi-

---

[44] Charles de Gaulle 1959-1969 ; Georges Pompidou 1969-1974 ; Valéry Giscard d'Estaing 1974-1981 ; François Mitterrand 1981-1995 ; Jacques Chirac 1995-2007 ; Nicolas Sarkozy 2007-2012 ; François Hollande 2012-2017 ; Emmanuel Macron actuel président depuis 2017.

sonnés que sont les indépendances factices obtenues sous De Gaulle, connut l'élaboration d'un système relationnel plus discret pour continuer à être maintenue aux forceps dans un état de mendiant perpétuel. Ce système naquit au lendemain des indépendances sous forme d'accords de coopérations. En réalité, ces accords létaux contiennent en eux les germes de l'infantilisation et de l'exploitation abusive des ressources africaines. Ces accords nés de la coopération UE-ACP évolutifs avec le temps en se réadaptant au contexte du moment, ont tracé les sillons des relations entre la France et l'Afrique. Les accords secrets biaisés UE-ACP ou l'EURAFRIQUE sont la voie légale dans un cadre juridiquement normalisé qui consacre le pillage systématique des ressources africaines. La France au devant de la scène est la face visible de l'iceberg EURAFRIQUE spécialisé dans le pillage systématique des ressources africaines. Afin de financer l'Europe meurtrie par la deuxième guerre mondiale par une politique de pérennisation de l'économie coloniale, De Gaulle donna un aspect juridique à la réquisition de l'économie africaine. Dès cet instant, les accords CEE-ACP devenus UE-ACP puis APE ont été phagocytés par la françafrique protégée par les accords de coopérations militaro-économiques de 1961. Le Père de la françafrique se nomme Jacques Foccart, décédé en 1997 suivi de son proche Maurice Robert en 2005, chef du secteur Afrique du SDECE. Il fut nommé secrétaire général de l'Elysée chargé des affaires africaines de 1960 à 1974. C'était l'homme Afrique de De Gaulle. Il mit sur pied un dispositif mafieux de pression, d'intimidation, de manipulation et d'influence extra-diplomatique permettant une ingérence systématique de la France dans les affaires internes des pays africains fraichement pseudo-souverains. La françafrique depuis De Gaulle jusqu'à Emmanuel Macron est sous la responsabilité de la cellule africaine de l'Elysée. Cette cellule a connu des réaménagements sous Sarkozy qui promettait lors de la campagne présidentielle de 2007, la rupture tout comme ses prédécesseurs avec la françafrique sur fond de promesse électorale. A son arrivée au pouvoir, il transforma cette cellule en rattachant le responsable des affaires africaines à la cellule diplomatique en qualité de conseiller diplomatique donnant ainsi l'impression de tourner le dos aux réseaux opaques et mafieux de Jacques Foccart réactivés sous Chirac. Ce système occulte constituant la membrane cellulaire principale de la françafrique échappe au contrôle démocratique et poinçonne les fonds baptismaux essentiels des déterminants de la politique africaine de la France. Aucune décision envers l'Afrique ne se prend en France (à l'Elysée, au Quai d'Orsay, au parlement, à Matignon) sans l'avis de cette cellule. Elle coordonne, oriente et décide des actions d'envergures à mener en Afrique. Elle se matérialise par une présence remarquée des conseillers et fonctionnaires français dans les pays africains. En Côte d'Ivoire, cette mainmise est flagrante comme nous l'avons décrié dans notre livre intitulé :"Des peines et des joies de l'engagement politique". Dans ce livre, nous racontons que Philipe Serey-Eiffel est le chef des conseillers d'Alassane Ouattara, donc un premier ministre bis d'origine française à la tête d'un pays africain, 59 ans après les indépendances. Philipe Serey-Eiffel est Ministre, secrétaire général délégué à la présidence de la république chargé des grands projets avec un droit de regard sur le système de passations des marchés publics en Côte d'Ivoire. Il a également un droit de regard sur tous les dossiers économiques et financiers. Il ne ménage aucun effort pour faire convoquer des ministres. Ancien collaborateur d'Antoine Césario, directeur du contrôle des grands travaux sous Houphouët Boigny, Philippe Serey ou le prolongement de l'hégémonie de la France en Côte d'Ivoire demeure le prototype du pillage de nos ressources. Cette présence des fonctionnaires français jouant le rôle de contrôleurs et garants des intérêts français en Afrique est remarquable dans les institutions financières africaines telles que la BCEAO, la BEAC[45] et la BCC[46]. La BCEAO[47] qui dirige la zone UMOA est administrée par 16 personnes dont 02 Français. La BEAC qui dirige la zone CEMAC est administrée par 13 personnes dont 03 français. Et pour finir, la BCC est dirigé par 08 administrateurs dont 04 français. La France à travers ses relais

---

[45] Banque des Etats de l'Afrique Centrale
[46] Banque Centrale du Comores
[47] Banque Centrale des Etats de l'Afrique de l'Ouest.

locaux en Afrique prend part de façon directe à toutes les grandes décisions engageant l'avenir du continent croyant avoir des droits pré-requis au nom d'un certain paternalisme névralgique. Cette présence géostratégique sur le terrain est renforcée par l'action du Quai d'Orsay à travers les bases militaires instaurées pour la protection des intérêts français en Afrique. En vertu de divers accords militaro-politiques secrets qui conditionnaient l'accès à l'indépendance des colonies, la France a conservé son hégémonie à l'inverse des autres puissances sur le territoire Africain. Cette présence militaire est repartie de façon structurée sur l'étendu du territoire africain à travers des zones stratégiques primordiales pour le rayonnement international de la France. Par le maintien absolu de ses bases militaires en Afrique garantissant les capacités de projection internationale de l'armée française, la France conserve son statut de puissance mondiale vis-à-vis de l'Europe et des influences soviétiques, américaines et Chinoises. Il est clair que ces derniers temps, la puissance de la France en Afrique a décru avec l'influence militaire des USA, de la Russie et de la redoutable puissance économique chinoise. La réaffirmation de sa présence militaire en Afrique est étroitement liée à sa survie en tant que grande puissance. En côte d'Ivoire, le nombre de militaires français stationnés au 43 BIMA (Brigade d'Infanterie maritime) est passé de 2600 à 900 dans les années 2010. Ensuite, il est remonté à 1650 Hommes lors de l'agression armée du gouvernement de Laurent Gbagbo, Président démocratiquement élu de la République de Côte d'Ivoire avant d'être réduit actuellement à 450 militaires. Présentement, les militaires français engagés sur le territoire africain à travers des forces d'occupation dites « *de présence* » tout comme en Côte d'Ivoire, sont de 350 au Gabon, 1.450 à Djibouti, 350 au Sénégal. Par ailleurs, ils sont 200 engagés au large de la Somalie, 250 dans le Golfe de Guinée, 100 en Méditerranée et 280 en Centrafrique (MINUSCA). Par contre dans le cadre des opérations extérieures (OPEX), ils sont 4 000 engagés à travers l'opération Serval devenue Barkhane dans le cadre de soutien aux opérations des forces du G5 sahel en Mauritanie, au Mali, au Burkina Faso, au Niger et au Tchad en vu de lutter contre le terrorisme, nouveau cheval de Troie pour justifier la présence militaire française en Afrique au nom de l'humanisme afin de sauver des peuples. En 2016, une société privée américaine qui œuvre dans le domaine du renseignement appelé Strategic Forecasting (STRATFOR) a recensé 42 interventions françaises en Afrique entre 1968 et 2013. Aussi, le New York Times dans ses colonnes en 2007 disait: « *La France est intervenue militairement en Afrique dix-neuf fois entre 1962 et 1995* ». Il est donc très clair qu'à travers ses interventions militaires, la France tente de recréer le néocolonialisme. Sinon à quoi servirait au président Macron de faire son investiture à bord d'un Tank militaire ? Si ce n'est que pour réaffirmer la suprématie militaire de la France face à l'opinion internationale.

Pourtant à l'ère de la mondialisation dans ce monde multipolaire rien ne semble désormais justifier la présence des forces françaises en Afrique devenues encombrantes. Du coup, la lutte contre le terrorisme alimentée et inventée de toute pièce apparait le cadre idéal pour justifier l'action de cette force d'occupation dans notre continent protégeant une certaine autocratie à leur solde et en évinçant des présidents démocratiquement élus. La force de frappe avec laquelle les gazettes de l'armée françaises ont détruit au canon les camps militaires, les chars et batteries des forces de défenses et de sécurités restées fidèles à Laurent Gbagbo, confirme bien la rupture dans la continuité du retour en perspective de la politique du « *bâton et la carotte* » initié par Sarkozy. Alors que ce dernier jurait de ne plus jamais rééditer les « exploits » du passé et tout cela au prix d'une dangereuse tombée des masques. En 2006, alors qu'il était encore Ministre de l'Intérieur de Jacques Chirac à qui il opposait son modernisme françafricain, Nicolas Sarkozy lors d'une visite au Benin plaida pour un nouvel état d'esprit entre les relations "*France-Afrique*" devenues entre temps "*Afrique-France*" Il faut : « (...) *Chasser les vieux démons du paternalisme, du clientélisme et de l'assistanat"* et d'ajouter *"tourner la page des réseaux d'un autre temps, des conseillers officieux, des officines, des émissaires de l'ombre* ». Prônant son discours de la rupture, il annonça en 2008 lors d'une visite en Afrique du sud la renégociation des accords militaires franco-africains obsolètes issus des indépendances justifiant la présence de l'armée française en Afrique. De la rupture simple à la rupture dans un tournant à 360° ou dans la continuité, le quinquennat de Nicolas Sarkozy à l'Elysée a fait beaucoup de mal à L'Afrique. Sarkozy gardait ses liens privilégiés avec les principales figures du patronat français (Bouygues, Bolloré, Areva, Total Fina Elf, etc.) qui dans leurs activités africaines, puisent la plus grande part de leurs richesses. Son quinquennat a été celui d'un conflit françafricain ouvert et à visage découvert avec un engagement conséquent de l'armée française sur le théâtre des opérations en Afrique, jamais vu depuis les indépendances, afin d'évincer un président démocratiquement élu. « *On a sorti Gbagbo, on a installé Ouattara* » se vante-il. C'est pourquoi, otage de la CPI sur ordonnance de l'Elysée, acquitté, mais en liberté sous condition, le président Laurent Gbagbo dans « *Libre pour la vérité et la Justice* » à travers la violation flagrante des institutions de Côte d'Ivoire par la France qualifie Sarkozy de voyou :

« (...) J'ai prêté serment le samedi 4 décembre 2010 au palais, après que le conseil constitutionnel eut statué sur les recours que nous avions déposés.. La veille, le vendredi 3, j'ai compris que tout pouvait se terminer très mal. Le Conseil constitutionnel venait de proclamer les résultats, et me désigner comme vainqueur de l'élection. J'ai reçu le jour même un coup de fil de Sarko. Il était furieux : " Il ne fallait pas que le Conseil constitutionnel fasse ça, non, non, il ne fallait pas !"C'est la démarche d'un fou, pas celle d'un chef d'Etat. Comment peut-on se permettre aujourd'hui, au XXIe siècle, d'appeler un autre chef d'Etat pour lui dire une chose pareille ? C'est à ce moment précis, quand j'ai raccroché, que j'ai eu le sentiment que tout pouvait déraper. Je sais que les institutions des pays africains, ils s'en fichent ! Il ne s'agit après tout ce que de mettre leur homme sur le trône... mais s'asseoir sur le Conseil constitutionnel d'un pays souverain dont la Constitution est calquée sur celle de la France, avec autant de culot, comme ça, par téléphone, c'est une mauvaise blague. Ce n'est pas un chef d'Etat que j'ai eu au téléphone... Quand j'ai demandé à Jean-Christophe Notin, proche des milieux officiels français de l'époque, à défaut d'être un grand connaisseur de l'Afrique, pourquoi on n'avait pas respecté la décision du Conseil constitutionnel, il m'a répondu :" Pour Paris, c'était un Conseil constitutionnel fantoche. (...) mon chef du protocole vient me dire qu'un message nous est parvenu indiquant que Nicolas Sarkozy a demandé que l'on

s'oppose physiquement à cette investiture. (...)J'ai décidé d'y aller quand même. Il agit comme voyou, me suis-je dit, je n'ai pas en tenir compte. (...) Sarkozy m'a intimé l'ordre de partir dans un discours fait à Bruxelles, sur un ton proche de casse-toi de là, pauvre c., plus tôt que dans le langage maîtrisé d'un chef d'Etat...».

Dans la droite ligne que le président Gbagbo qui venait de comprendre toute la profondeur du degré poussé de nuisance fataliste du paternalisme néocolonial, la justice française traite également Sarkozy de « *délinquant chevronné* ». Apres le rejet de ses recours en cassation, cette justice française qui n'ignore pas pourtant ses bavures en Afrique a définitivement validé son renvoi devant le tribunal correctionnel dans l'affaire dite des "écoutes"sans pour autant le poursuivre pour ses crimes génocidaires perpétrés sur le continent avec la complicité des valoches. L'Afrique se voit trahie par ses gouvernants tolérés par la Françafrique, complice avec ces derniers dans la mauvaise gouvernance et le pillage des richesses du continent au moment où la Françafrique commence à battre de l'aile avec « *la rupture dans la continuité* ». Ces dernières décennies, la guerre contre Gbagbo en Côte d'Ivoire et contre Kadhafi en Libye afin de protéger les intérêts français ont révélé en « mondovision » la face hideuse de la France en Afrique modifiant profondément les relations d'un paternalisme de trop. La France à la Baule en 1990 par la voix du président François Mitterrand avait subordonné le maintien de la coopération à l'idée de l'alternance démocratique en ces termes: "*La France liera tout son effort de contribution aux efforts qui seront accomplis pour aller vers plus de liberté*». Depuis ce discours, l'évolution contemporaine des relations Afrique –France se fait dans un pseudo-dynamisme de respect des droits de l'homme et des valeurs démocratiques qui ont fini par être synonymes du respect des intérêts de la françafrique aux yeux des africains. De Guy Penne à Jean Yve Ledrian en passant par Charles Pasqua, Jean-Christophe Mitterrand alias « *papa m'a dit* », Robert Bourgi, De Villepin, Laurent Fabius, Claude Gueant, les méthodes mafieuses de la françafrique arrimées présentement à la démocratie ne visent qu'a garantir les intérêts français en favorisant l'accès aux matières premières africaines, en offrant des opportunités privilégiées aux multinationales françaises en plus du rayonnement de la France sur l'échiquier international. Dans la plupart des pays d'Afrique francophone la majeure partie des marchés publics sont passés de gré à gré aux multinationales françaises sans appels d'offres. En Côte d'Ivoire, les 2/3 des marchés publics sont attribués en violation du mode de passation de la direction des marchés publics (DMP) par copinage au profit des multinationales françaises depuis 2011. Le 30 Novembre 2017, en marge du sommet Union africaine-Union européenne, les présidents Ouattara et Macron avaient officiellement ouvert les travaux de 37.5 Km du métro d'Abidjan pour un montant faramineux de 1000 milliards de Francs CFA revu à la hausse à environ 1 500 milliards en 2019. Ces travaux sont entrain d'être réalisés par un consortium de groupes français (Bouygues Travaux Publics pour le génie civil, Colas Rail pour les voies et systèmes, Alstom pour les rames et la signalisation, enfin Keolis (filiale de la SNCF) pour l'exploitation et la maintenance. Alors que les travaux du train express régional (TER) de Dakar moins couteux pour une même distance dont le premier tronçon de 36 KM en plein exécution ont couté 588 Milliards de Francs CFA sont entièrement réalisés là encore, sans appel d'offre par un consortium français dont Alstom, Engie et Thales. En 2017, la signature du contrat d'exploration du gaz et du pétrole du Sénégal attribué à Total, l'héritier d'ELF la vache à lait et l'ancêtre des coups bas en Afrique, a provoqué en 2017 la démission de Tierno Sall, Ministre Sénégalais de l'Energie et du développement de l'Energie renouvelable. Ce dernier s'est opposé au Président Macky Sall sur l'octroie aux forceps du contrat biaisé à une multinationale française classée 5eme dans l'appel d'offre : « *Ce qui est plus grave, c'est que le président de La République a révélé les raisons pour lesquelles, il a une préférence sur Total. Il a bien dit que c'est parce que la France nous donne de temps en temps des sucettes, 65 milliards pour payer les salaires, 100 milliards pour ceci et cela. Et pour cette raison, TOTAL qui était 5eme et que BP Cosmos était 1ère et que TOTAL a fait des offres qui sont de loin les pires qu'on est jamais enregistré depuis 1985 au moins.* » Au Gabon, après avoir entrepris un redressement fiscal de Total Gabon à hauteur de 805 milliards de Francs CFA, tout en renégociant l'augmentation de la part de l'Etat de 25% contre 58.25% pour le groupe TOTAL Gabon, subitement Ali Bongo, dauphin du Père Bongo, valoche de la Françafrique se voit décrié par la France et combattu par ceux-là même (Robert Bourgi) qui l'ont soutenu hier. Sorti vainqueur en 2018 d'une mascarade électorale de la France et les experts en fraudes électorales venus de Côte d'Ivoire, Ali Bongo en 2019 est frappé bizarrement d'un AVC lors d'un voyage officiel en Arabie Saoudite. Cet Accident Vasculaire Cérébral après la tentative de coup d'Etat avorté, est certainement la réponse que présageait les propos du 22 février 2014 d'un journaliste de RFI, rapportés sur le site de Mediapart annonçant : « *Que le Gabon pourrait s'attendre à des représailles de la France sous la forme d'un coup d'État si le redressement fiscal, en cours, de Total Gabon (plus 800 milliards de FCFA), allait à son terme.* » C'est bien la preuve que : « *le morceau de bois aura tant duré dans l'eau, il ne sera jamais un caïman* ». L'homogénéité de la politique africaine de la France s'inscrit qu'on le veuille ou non dans la continuité pour tous les gouvernements qui se sont succédés. Ce qui s'est passé en Côte d'Ivoire, en Libye, au Gabon, en RDC, en Algérie nous démontre bel et bien que le chien ne change jamais sa manière de s'asseoir. Le saut dans le néant d'une valoche de la françafrique ne pouvait que conduire à la tentative de liquidation physique d'Ali BONGO. De nos jours, la France pour maquiller sa politique opaque à l'égard de l'Afrique dans son pré-carré s'est alignée à l'image des institutions de Breton Woods sur des conditionnalités démocratiques avant de permettre aux pays d'Afrique francophone de bénéficier de l'aide publique au développement. Selon Ahoua Don Melo pour maquiller les coups d'États de Foccart et de Bob Denard, l'aide de l'UE aux ACP puis APE subit des révisions en 1990 sous Mitterrand et en 2005 sous Chirac, conditionnant l'accès à l'aide aux respects des droits de l'homme et à l'adhésion à l'insu des peuples à la CPI. François Hollande, le successeur de Nicolas Sarkozy, alors qu'il est de gauche s'est contenté d'appliquer la feuille de route de son prédécesseur en respectant ces conditionnalités d'accès à l'aide publique, mais également en entreprenant plusieurs guerres en Afrique. Durant tout son quinquennat, François Hollande aura mené des guerres dites « *solidaires* » au sahel, en Centrafrique et en Libye. Alors que ce dernier se présentait comme le sauveur du continent Africain : *«Je romprai avec la "Françafrique", en proposant une relation fondée sur l'égalité, la confiance et la solidarité»*. A travers ses 60 engagements de campagne, seul celui-ci était consacré à l'Afrique. Pendant qu'il menait la guerre solidaire en Afrique au nom de l'ingérence démocratique, François Hollande dans la même année 2013 chargea l'ancien Ministre Hubert Védrine d'élaborer une stratégie de reconquête de l'Afrique. Ce nouveau partenariat pour l'Afrique à travers un rapport de 170 pages reposait sur 15 propositions. Car selon ce rapport, la survie de la France serait désormais en Afrique. Ce rapport va plus loin en estimant que l'Afrique était pour la France, son champ de manœuvre naturelle et sa profondeur stratégique par Excellence. A la décapitation de la Libye sous le couvert de la résolution 1973 de l'ONU entreprise par Nicolas Sarkozy et l'OTAN, s'ajoute l'intervention secrète d'Hollande en Libye dévoilée grâce à un crash d'hélicoptère ayant entrainé la mort de 03 agents de la DGSE Française à Benghazi. L'Elysée avait d'ailleurs reconnu ces morts émanant de cette intervention secrète. De succès militaires en erreurs stratégiques, le bilan de François Hollande tout comme celui de ces prédécesseurs et de la présence de l'armée française sur le continent est discuté et très mitigé. Les atermoiements paternalistes de la France de la rupture dans la continuité doivent s'arrêter même s'il est vrai que les réseaux de la Françafrique ont été trop durables pour rompre brusquement le cordon ombilical. Un ressentiment anti-françafricain à l'égard de la France sous les divers présidents français avec à la clé la hantise d'un paternalisme encombrant est l'objet de vives critiques de la part de l'opinion publique et des pouvoirs africains. La politique africaine de la France actuellement sur la défensive peut-elle se permettre de revoir son mode de fonctionnement afin de créer les conditions d'une nouvelle ère d'espoir ? C'est ce que semble faire Macron.

IX.3 : UNE NOUVELLE ERE D'ESPOIR POUR LES RELATIONS AFRIQUE-FRANCE EST-ELLE POSSIBLE ?

En prononçant son discours sur la françafrique à Ouagadougou au pays des hommes intègres, le président Emmanuel Macron, le nouveau masque éculé, a donné le ton de sa nouvelle vision des relations entre la France et l'Afrique là ou ses prédécesseurs Sarkozy et Hollande avaient préféré le Sénégal. Macron dans son quinquennat espère moderniser les relations entre la France et l'Afrique en s'appuyant surtout sur la jeunesse africaine en laquelle il se reconnait parce qu'étant lui même jeune. C'est pourquoi, il s'est entouré d'un comité composé de jeunes entrepreneurs binationaux "*Conseil présidentiel pour l'Afrique*"(CPA), afin de mener à bien sa nouvelle vision de la politique africaine de la France. Lors de son voyage en Algérie en 2017, Macron qualifia la colonisation française de crime contre l'humanité, là ou Jules Ferry avec orgueil et dédain laissa entendre que c'est un devoir pour la France d'apporter la civilisation aux africains. En d'autres termes, la civilisation apportée aux africains est donc pour Macron un crime contre l'humain. Tirant les leçons des échecs passés d'une France barbare et agressive, Macron nouveau avocat de l'Afrique demande à son pays de présenter des excuses à l'égard des africains dont ils ont commis des crimes contre l'humain. La nouvelle politique africaine de Macron plus souple mais gourmande en profits est plus tournée vers le partenariat économique, entrepreneuriat, éducation, sport et énergies renouvelables plutôt que d'aide au développement dont les conditionnalités infantilisent les africains. Cette politique côtoie une approche continentale de l'Afrique dans une diplomatie plus offensive en ouvrant la francophonie et la monnaie aux pays anglophones. Dans cette politique nouvelle d'approche, Emmanuel Macron qui a commandé le rapport Sarr-Savoy[48], a annoncé en novembre 2018 la restitution de 26 œuvres

---

[48] RAPPORT SUR LA RESTITUTION DES ŒUVRES D'ART AFRICAIN EN FRANCE

d'art au Bénin. Ce qui a été chose faite, alors que la demande avait été faite en 2016, mais d'abord rejetée par le gouvernement d'Hollande. Malgré, la souplesse de la politique africaine de la France entreprise par Macron, des voix plus hostiles à la présence de la France en Afrique dénoncent ce paternalisme néocolonial sur fond de menaces terroristes, de migration tous azimuts en Europe et de pandémie de la COVID19. Cette hostilité s'est plus accrue quand Macron déclare lors du G20, qu'il est difficile de stabiliser l'Afrique quand la natalité y est "*encore de 7 à 8 enfants par femmes*". Lors de sa visite au Burkina, L'Elysée a laissé entendre que plusieurs organisation ont appelé à manifester contre son passage protestant contre le pillage systématique des ressources naturelles par les grandes entreprises françaises, la présence militaire de Paris et le maintien du franc CFA, "*monnaie de servitude coloniale*". Le Chef de l'Exécutif français consacre dans son programme 0.7% de la richesse française à la coopération avec l'Afrique. Ce taux de 0,7 % du PIB devait englober aussi bien l'aide au développement que l'assistance sécuritaire car la France pour justifier sa présence en Afrique au nom de l'humanisme démocratique, insiste présentement sur l'étroite corrélation existante entre la sécurité et le développement. Cette aide au développement de 0.5% en 2007 sous Chirac a connu un accroissement sous Sarkozy fixé à 0.7%. De sorte que tous les partis politiques en France y compris celui de Marine le Pen ont décidé dans l'optique de mettre fin à la françafrique chacun dans son programme de consacrer 0.7% du budget à l'APD. Entre 2002 et 2006, la France a consacré selon L'OCDE 15 milliards d'Euros à L'Afrique. L'Aide au développement qui est une priorité pour la France en faveur du continent africain, est la voie normative légale permettant de rétrocéder à l'Afrique « *son propre argent* », mais à travers des conditionnalités remboursable bien sur avec des intérêts. C'est une aide bilatérale sur mesure, vue par certains africains comme une récompense octroyée aux meilleurs élèves de la françafrique en Afrique. Cette aide bilatérale à taux d'intérêts non négligeable est le maillon fort d'un réseau de corruption et d'achat de conscience à travers les agences françaises de développement(AFD) et de diplomaties basées en Afrique. L'aide publique au développement est octroyée aux pays pauvres en leur interdisant d'amorcer un développement industriel, facteur de croissance. Selon Helmut Josef Khol ancien chancelier Allemand : « *Il ne faudrait surtout pas que l'Afrique s'industrialise* ». Cette aide est brandie comme avatar afin d'anéantir toute politique de développement industrielle endogène en Afrique. Dans ce cas, il est clair que les nouveaux accords de partenariat économique (APE) entre L'UE et les ACP étoufferont comme hier, toute tentative d'industrialisation de l'Afrique pour l'accès sans barrière des produits industriels européens au marché africain. La création d'industries en Afrique traduirait la désindustrialisation de la France et de l'Europe dans certains secteurs de l'économie. Du coup, cette industrialisation apparait comme une menace létale pour l'Europe, qui ne survit que grâce au pillage de l'Afrique à travers ses accords de coopérations vissés. Sarkozy avait bien raison quand il disait que si la France lâche l'Afrique, elle ne sera plus 5eme, mais 20eme puissances mondiales. Tout comme Sarkozy, Chirac avait dit en 2008 : « *Sans l'Afrique, la France descendra au rang de puissance du tiers-monde.* » Actuellement avec la simple crise des gilets jaunes, elle est passée à la 7eme place mondiale selon les données du FMI en 2019. C'est donc une aide atrabilaire, qui porte en elle les germes du mal qu'elle prétend combattre tout en favorisant les détournements, la corruption, le gaspillage, le transfert malsain d'argent dans les paradis fiscaux, l'existence de réseaux opaques de blanchissement d'argent et de financement du terrorisme. Selon Dambisa Moyo, auteure de « l'aide fatale » : « *Des millions de gens en Afrique sont plus pauvres aujourd'hui à cause de l'aide internationale* » qui a accentué le taux de pauvreté, passant de 11% en 1970 à 66% en 1990 alors que le flux d'aide était au pic. Elle dépeint l'irresponsabilité des gouvernements, l'épargne découragée ; l'inflation; les investisseurs privés étrangers évincés ; les exportations étouffées. Aucun pays au monde n'est sorti de la pauvreté grâce à l'aide publique même la grande Chine s'est développée sans la moindre aide extérieure publique. C'est pourquoi, il faut développer l'économie de marché par les accords de libre-échange dans l'optique d'un partenariat gagnant-gagnant dans un respect mutuel des parties en présence. Cependant, si l'espoir d'une politique d'égale à égale est permise avec l'avènement de Macron, qui refuse d'être comptable de l'action de ses prédécesseurs, les agissements et les atermoiements de la France au Tchad, au Gabon, au Congo, en Côte d'Ivoire, au Benin et au Cameroun renvoient à deux poids, deux mesures. Au Tchad, la France, au nom des accords de coopération militaire a volé pour la deuxième fois au secours d'Idriss Deby afin de mettre hors d'Etat de nuire les rebelles qui menaçaient son pouvoir. Le pacte de corruption entretenu par Bolloré, dans tous les pays africains à l'image ces derniers temps du Togo et de la Guinée-Conakry, du Cameroun, les errements d'Areva en Centrafrique et au Niger nous laissent dubitatifs, suscitant en nous l'image selon laquelle, le chien ne change jamais sa manière de s'asseoir. En RDC, la France soutenait un candidat en occurrence Martin Fayulu et a fait convoqué une réunion du conseil de sécurité afin d'avoir un mandat pour intervenir dans ce pays comme elle l'avait fait hier en Côte d'Ivoire. Jean Yve Ledrian s'est même permis de s'ingérer avec fracas dans les élections au Gabon comme en RDC en traitant la victoire de Félix Tshisekedi de « *compromis politique à l'africaine* ». Au Cameroun, le terminal à Conteneur du port autonome de Douala a été retiré à Bolloré, qui a posé plainte contre l'Etat camerounais. Le Ministre français Jean Yves Ledrian s'est rendu au Cameroun pour demander des comptes au gouvernement camerounais empêchant le président Paul Biya de se rendre au 1er sommet Russie-Afrique de Sotchi. Quelle audace ! La Françafrique a fait beaucoup de mal à l'Afrique. C'est pourquoi, une déclassification des archives des actions obscures des services secrets français en Afrique permettra de faire la lumière sur la face cachée de l'iceberg qui mine les relations Afrique-France. L'omerta sur les crimes commis est la clé de voute de cette « criminocratie » françafricaine, qui pille et appauvrit tout un continent pour enrichir rien qu'un seul pays : « La France ». L'opacité de la CPI dans le procès du siècle a fini par démontrer avec l'acquittement du président Laurent Gbagbo et son maintien en détention en Belgique, les limites de l'ONU, complice de la mainmise de la France à travers ses réseaux mafieux sur la justice dite internationale.

La France qui par habitude intervenait seule dans ses colonies n'hésite plus à mettre en branle dans le cadre de sa nouvelle politique interventionniste ses appuis régionaux et internationaux tels que L'UA, La CEDEAO, la CEAC, la SADEC, l'UE, L'ONU et les ONG pour en découdre avec les présidents indociles comme ce fut le cas en Côte d'Ivoire et en Libye. Paradoxalement, au Cameroun, la France cette année a voté contre une résolution du Conseil de sécurité pour une intervention dans ce pays. Il est d'autant plus vraie que depuis sa création les méthodes de la françafrique sont variées, changeantes et s'adaptent en fonction des réalités du moment. Dans son laboratoire expérimental de production de méthodes d'exploitation du continent dans ses relations avec l'Afrique, la françafrique reproduit de façon systématique les solutions labos testées et réussies d'un corps (pays) à l'autre, jusqu'à ce que les anticorps de pillage de nos ressources s'avèrent inefficaces. En ce moment avec l'avènement de l'ECO et de la COVID19, elle réadapte ses recherches montrant des signes de pathologie clinique en changeant son discours et ses méthodes afin de préserver l'essentiel de leurs intérêts mesquins et égoïstes. L'Afrique ces dernières années s'est laissée convaincre par des discours de campagne électoraliste sur fond de commerce des présidents français. Ce fut le cas avec Sarkozy et Hollande qui se sont attirés les faveurs des africains grâce à leurs discours séduisants de mise à mort de la françafrique et dont leurs bilans au final après 12 ans de gouvernance se sont avérés très catastrophiques. L'Afrique très vigilante cette fois-ci se montre également tolérante avec Macron grâce à son discours séducteur : *« Je suis d'une génération qui ne dit pas aux Africains ce qu'ils doivent faire. »*. Surtout que la Françafrique montrant des signes cliniques de désintégrations avancées suite au bilan accablant des deux précités, vient de trouver une parade monétaire avec l'établissement d'une nouvelle monnaie en Afrique de l'Ouest en lieu et place du FCFA, afin de faire face à la montée de la pression populaire du front anti-CFA en Afrique et en Europe. Si le projet de création de cette monnaie unique des quinze pays de la Communauté économique des États de l'Afrique de l'Ouest (CEDEAO) qui date de 1983, est apprécié, cependant son appellation nous interpelle. Elle s'appellera « ECO » à l'image de l' « ECU », une monnaie fiduciaire de l'union Européenne, ancêtre de l'euro. Pour que la monnaie « ECO » soit crédible, elle ne doit ni être fabriquée en France, ni logée au trésor Français comme le souhaitent certaines valoches. Cette devise dont le sigle rime avec ¨*Économies Contrôlées par l'Occident*¨ devra être frappée en Afrique et logée dans une banque fédérale de la sous-région Ouest-africaine pour le bonheur des africains. C'est seulement dans cette perspective là que : « *l'introduction d'une monnaie unique en Afrique de l'Ouest va aider à supprimer les barrières commerciales et moné-taires, réduire les coûts de transaction, dynamiser l'activité économique et accroître le niveau de vie des habitants de la région* » disait le président ghanéen Nana Akufo-Addo, enthousiasmé le 21 février 2018 à Accra, lors de la rencontre des chefs d'état de l'espace CEDEAO. L'Afrique de l'Ouest à une population de 350 millions d'habitants et un PIB estimé à 628 milliards d'Euros. C'est un vaste marché avec plus de 50% de la population Nigériane réalisant à elle seule plus de 75% du trafic commercial de la zone. Il faudrait pour rendre cette monnaie « *ECO souverain* » viable, poser des conditions et critères de convergence qui seront adoptés par tous les pays de la sous-région et cela en toute souveraineté loin de toute mainmise comme tente d'ailleurs de faire en ce moment Emmanuel Macron dans sa politique de réadaptation et de réorientation des relations France-Afrique. Ce dernier avait accordé à cet effet, une audience à Alassane Ouattara le 10 juillet 2019 à Paris, avant de se rendre à Abidjan le 21 décembre 2019 dans une entreprise de sabotage du projet de monnaie commune ouest africaine initiée par la CEDEAO. En effet, Emmanuel Macron et Alassane Ouattara avaient annoncé le 21 décembre à Abidjan, une « réforme » du franc CFA sans tenir compte de la décision des chefs d'Etat des 15 selon laquelle : « *l'importance pour tous les membres de la CEDEAO d'adhérer aux décisions de l'autorité des chefs d'État et de gouvernement de la CEDEAO concernant la mise en œuvre de la feuille de route révisée du programme de monnaie unique»*. C'est pourquoi les Ministres des Finances et gouverneurs de banques centrales de cinq pays anglophones d'Afrique de l'Ouest et la Guinée réunis à Abuja le jeudi 16 janvier 2020 ont rejeté en bloc la nouvelle monnaie « *ECO version Macron-Ouattra* » de l'espace CEDEAO, prônée par Le duo Macron-Ouattara, estimant que cette décision «unilatérale» de remplacer le franc CFA par l'ECO tronqué n'était « pas conforme » au programme adopté récemment par l'ensemble de la région pour mettre en place une monnaie unique.

En réalité, à la suite de ces pays anglophones les Africains dans leur grand ensemble ont le sentiment d'assister à une véritable entreprise de sabotage par la France avec l'aide de Ouattara du projet initial de la monnaie commune ouest africaine ECO, telle que conçue par les chefs d'État des pays membres de la CEDEAO. Sinon comment comprendre cette insistance du duo Macron-Ouattara à s'attribuer la paternité du changement ? Apparemment, il est clair que la France, face visible de l'iceberg de l'union Européenne en Afrique vient de réadapter sa politique monétaire vis-à-vis de l'Afrique sur dénonciation pour la première fois de l'histoire du CFA, de l'Allemagne et l'Italie, en cédant à la création d'une monnaie Ouest-Africaine sous le couvert du Maroc, nouveau cheval de Troie des intérêts français en Afrique. C'est pourquoi en pleine pandémie de la COVID19, le conseil des Ministres du gouvernement français en date du 20 Mai 2020 a adopté la création de l'ECO version Macron-Ouattara sans tenir compte des préalables soulevés par le 15. Quelques mois avant, Le président Emmanuel Macron avait salué le retrait du président Ouattara de la course aux élections présidentielles d'octobre 2020 en Côte d'Ivoire qualifiant cette alternance d'historique. Alors qu'il n'y a rien d'historique pour une fois ou Ouattara a décidé de respecter la constitution ivoirienne qu'il a fait modifié à deux reprises en 9 ans d'exercice du pouvoir et qui d'ailleurs l'interdit un 3eme mandat. Si la France veut être crédible aux yeux des africains malgré qu'elle défende nos états face a la pandémie du COVID-19, son mode de réajustement actuel de sa politique en Afrique doit se faire dans l'honnêteté afin de servir essentiellement à consolider la souveraineté des Etats africains à disposer d'eux-mêmes et pour eux-mêmes comme le stipule d'ailleurs la charte des nations Unies. Il faut véritablement que la France soit sincère dans ses relations avec l'Afrique car octroyer un milliard d'Euros d'aide aux pays Africains face à la lutte contre la COVID19 alors que 10 milliards d'Euros d'aide a été accordée a la seule compagnie Air France, illustre bien la considération nauséeuse que la France a de l'Afrique. La condition du décollage économique de l'Afrique s'inscrit résolument dans cette prise de conscience collective des africains orchestrée par cette pandémie historique, ces braves resistants qui battent le pavé nuit et jour pour un changement de paradigme car les relations politico-économiques entre la France et l'Afrique ne sauraient être dorénavant des rapports d'oppressions favorisant rien que les intérêts français partout sur le continent Africain.

Chapitre X

L'Afrique face aux enjeux géostratégiques actuels

X.1- LE CAUCHEMAR DE L'EQUILIBRE SALUTAIRE, POUDRIERE A CIEL OUVERT

L'Afrique est le continent le plus pauvre de la planète et le moins avancé. Selon les données de l'ONU sur son site officiel, le monde regroupe 197 pays officiellement reconnus. Le nombre de pays par continent serait de 54 pays en Afrique, 35 pays en Amérique, 47 pays en Asie, 16 pays en Océanie et 45 pays en Europe dont 27 sont membres de l'union Européenne (UE) avec le retrait récent de l'Angleterre. Avec une superficie de 30,41 millions km^2, l'Afrique regorge une population de 1.3 milliard d'habitants en 2020 et couvre 6 % de la surface de la terre et représente un quart des terres émergées. Malgré ses richesses naturelles et sa forte densité démographique, l'Afrique est un continent en pleine transition, qui est potentiellement riche mais immensément pauvre. L'Afrique est riche de sa population, de son sous-sol, de sa diversité culturelle, de son histoire, mais pauvre à cause de son ignorance, son handicap sanitaire, de sa dépendance économique vis-à-vis des institutions financières internationales. Elle regorge 400 millions de pauvres et plus de 705 millions de chômeurs. La conversion rapide de l'Afrique au modèle néolibéral a favorisé l'éclosion de la pauvreté à grande échelle. L'équilibre salutaire dont il était question pour l'Afrique à partir des années d'indépendances s'est mué en cauchemar. Elle est prise en tenaille par des forces extérieures, qui l'empêchent d'amorcer un équilibre harmonieux dans le concert des nations. Les conséquences des pressions extérieures diversifiées que subit l'Afrique favorisent de façon démesurée, l'exploitation déséquilibrée des richesses africaines au nom de la loi 20/80. Le financement multilatéral et bilatéral inédit de l'aide publique au développement soumis a des conditionnalités a plongé l'Afrique malheureusement dans la malédiction de la dette. Derrière le masque des financements occultes d'apparence anodine se cache en réalité une mafia mondialiste organisée en force de pression tenant l'Afrique dans un gouffre sans fond. Le fondement existentiel même des relations internationales est l'utilisation de la force comme moyen de pression car nous ne sommes libres qu'en apparence. La mondialisation basée sur le capitalisme néolibéral est un grave danger pour les pays pauvres d'Afrique les maintenant dans une paupérisation galopante, source de tension et de pression entre les plus riches et les plus pauvres. Cette mondialisation effrénée, qui est une poudrière à ciel ouvert pour l'Afrique, est en ce moment même en plein agonie provoquée par la pandémie du coronavirus.

X.2 : L'AFRIQUE PEUT-ELLE ENCORE DEMEURER UNE CHASSE GARDEE DES GRANDES PUISSANCES ?

X.2.1 : ONDE DE CHOC : LE CORONAVIRUS DESSINE UNE NOUVELLE GEOPOLITIQUE MONDIALE

Selon la communauté occidentale autoproclamée "communauté internationale", la démocratie a été toujours considérée comme « le moins mauvais » de tous les systèmes politiques. Mais la pandémie du Coronavirus vient remettre en cause tous les fondements même de cette démocratie occidentalisée.

En effet au tout début de cette pandémie du siècle, qui fait en ce moment des millions de morts dans le monde, des millions de chômeurs et qui oblige 1/3 de la population de la planète au confinement, la Chine l'épicentre d'où est partie la crise s'est vue obligée de prendre des mesures restrictives assez draconiennes pour endiguer la pandémie. Beaucoup, dans le monde surtout en occident, ont affirmé que seul un pays totalitaire pouvait prendre des mesures contraignantes aussi disproportionnées. Ils n'avaient pas réalisé que le malaise à portée historique était assez profond avec cette mondialisation effrénée qui a rendu possible la propagation ultrarapide de ce virus congestionné. Etant donné le lien congénital entre le SRAS[49] et le Covid 19, les stratèges occidentaux avaient pensé que l'épidémie du corona virus resterait confinée en Chine comme ce fut le cas en 2003 pour le SRAS. Les français pour se moquer des chinois, traitaient cette épidémie qui sévissait seulement à Wuhan en Chine de « *virus jaune* ».

Dans la même veine, au lieu d'apprécier les efforts fournis par les chinois, les principaux medias mensonges, téléguidés ont amplifié pour exposer la faillite du système socialiste chinois tant redouté par les USA et les Européens, qu'ils appellent selon leur propre terme « *totalitarisme* ». Au brésil, le président Bolsonaro, qui a limogé son Ministre de la santé, avait minimisé au début les risques de la pandémie qualifiant le virus de petite grippe. A la date du 24 Mai 2020 le Brésil devint le 2eme pays le plus touché au monde totalisant 230 000 milles cas après les USA.

Cependant, tous se sont rendu très vite compte que c'était loin d'être la panacée des régimes totalitaires. Aux USA, en date du Jeudi 16 Avril 2020, le nombre de victime selon l'université Johns Hopkins, était de 33.000 morts et 660.000 contaminés. Le président Donald Trump a alors pris une décision unilatéralement de couper le financement des USA à l'organisation mondiale de la santé(OMS), marquant un tournant décisif dans les relations internationales. Trump avait aussi dévoilé en cette date du jeudi noir (4491 décès en une journée aux USA en plus des updates), son plan pour faire "redémarrer l'Amérique" en trois étapes, en fonction de la gravité de l'épidémie dans chaque Etat. Selon les données recueillis sur le site de BFMTV à cette date, les Etats-Unis étaient le pays le plus endeuillé au monde, devant l'Italie (avec 22.170 morts), l'Espagne (19.315), la France (17.941) et

---

[49] Syndrome respiratoire aigu sévère

l'Angleterre (14 000 morts). La panique généralisée, entrainée par le coronavirus vient entraver le dialogue bilatéral ou multilatéral avec des conséquences à long terme sur les rapports entre Etats. Immédiatement, après cette prise de décision de Trump, les pays du G7 ont appelé à une réforme de l'OMS qui semble-t-il a échoué face à cette pandémie.

Moins impactée que le reste du monde, l'Afrique berceau de l'humanité et non de la mortalité, fait face aussi à la propagation du corona virus. Alors que les Etats Africains déjà frappés par la pauvreté extrême, prennent leurs dispositions avec le peu de moyens qu'ils ont, Antonio Guteres, l'actuel Secrétaire général de L'ONU tout comme le directeur de l'OMS ont prédit un avenir assez obscure avec à la clé des millions de morts en Afrique. A leur suite, le ministre français de l'économie Bruno Lemaire dans une arrogance indescriptible a révélé que le Corona virus allait finir l'Afrique.: « *Je suis vraiment triste de la manière dont le corona va exterminer les africains, le vaccin fabriqué au canada et en France reste la seule option pour sortir l'Afrique de la misère sanitaire, l'Afrique n'est rien sans nous, ce sont eux qui viennent vers nous mais jamais nous vers eux.* » Tout semble croire avec les mortalités décelées par les premiers vaccins-tests de la COVID19 en Afrique, qu'ils sont dans un plan commun, une volonté manifeste de réduire fortement la population mondiale voire africaine qui subit encore des pertes en vie humaine dues à la pauvreté, à la maladie du VIH SIDA (32 millions de morts en Afrique depuis 1981), à l'épidémie d'Ebola (2.238 victimes, Avril 2020), à la malaria et à la grippe aviaire etc. Pourtant la grippe espagnole de 1918, qui avait fait des milliers de morts surtout en Europe avec sa population vieillissante n'avait même pas touché l'Afrique. Selon le comptage de l'Agence France-Presse en date du 15-04-2020, le continent africain comptait 894 décès confirmés pour 16.744 cas enregistrés sur un ensemble de 54 pays africains dont 52 sont touchés par le coronavirus. Avec 2 millions de Chinois vivant en Afrique et huit vols directs par jour, de nombreuses liaisons avec l'Europe, nouvel épicentre de la pandémie, il paraissait difficile selon l'OMS et l'ONU d'imaginer que l'Afrique avec un système de santé de misère, échappe a cette pandémie de la COVID19, qui étend son ombre mortifère sur la planète. Mais le temps leur a donné tort et nous espérons ce sera toujours le cas.

La crise du coronavirus a l'avantage de montrer qu'au-delà de la crise sanitaire, crise pétrolière (Russie-Arabie Saoudite) et guerre économique (USA-Chine), c'est de l'équilibre géostratégique du monde qu'il s'agit. C'est bien le moment idéal pour l'Afrique de créer une onde de choc face aux limites chaotiques de leur système démocratique importé, afin de prendre sa véritable souveraineté. Désormais, chacun doit voir et faire émerger un nouveau monde multipolaire. Dans ces conditions, l'Afrique doit être aussi à mesure de faire émerger son propre monde multipolaire, face au système prétendument salutaire qui semble faire un grand saut dans l'inconnu.

X2.2 : LES FONDEMENTS DE LA DEMOCRATIE NEOLIBERALE FORTEMENT EBRANLES

La crise pandémique de la COVID19 a cristallisé les faiblesses des systèmes de santés publiques non seulement dans les grandes démocraties occidentales, mais également le système de santé publique africain à telle enseigne que les entreprises africaines se sont mobilisées pour porter assistance à leurs gouvernements respectifs manquant d'équipements et ne pouvant compter sur leurs partenaires occidentaux, qui eux-mêmes reçoivent des aides(masques, médicaments, lits, appareils d'assistance respiratoire, etc..) de la Chine, de la Russie et de Cuba etc.. Qui l'aurait cru ! Du jamais vu ! La Russie a envoyé environs 15 avions chargés (un groupe de médecins militaires, spécialistes en virologie et en épidémiologie, ainsi que de l'équipement) pour venir en aide à l'Italie esseulée, qui très certainement quittera l'Union Européenne après la crise. C'est là qu'on découvre les vrais amis. Ceux qui se sont toujours battus pour les opprimés, qui ont soutenu les cubains et les mouvements de libération. C'est une grande victoire de l'humanisme russe sur les valeurs très égocentriques de l'impérialisme outre-Atlantique. La Grande URSS renait de ses cendres.

Mais, les conséquences de la COVID19 vont plus loin qu'on ne pourrait l'imaginer. Des implications assez limpides des philosophies politico-économiques sont mises aux grands jours dans cette crise aux contours devenus multidimensionnels ébranlant complètement ce modèle social capitaliste néolibéral et ses fondements. La COVID19 nous donne l'idée d'une possibilité de révision ou de rupture des accords coloniaux conclus à l'insu des peuples d'Afrique. Il nous indique une voie de sortie d'un model néolibéral qui écarte toute possibilité d'émancipation souveraine de l'Afrique.

La santé et la survie étant en jeu, il est clair désormais qu'il faudra faire un arbitrage entre sécurité sanitaire et liberté. Selon Pascal Boniface, Directeur d'IRIS[50], le débat sécurité/liberté n'est certes pas nouveau, mais il est posé régulièrement en politique intérieure. Aux USA, le même débat avait été posé avec acuité après les attentats du 11 septembre et s'est vu conféré un caractère central dans le débat public du fait de la menace terroriste.

Cette pandémie remet en cause les fondements existentiels de la liberté et de l'Etat de droit dans un régime de type démocratique. A l'image des régimes totalitaires, l'Etat de droit a foutu le camp en Démocratie. La sacralisation du rôle de l'Etat quant aux principes élémentaires dans une république de type néolibéral est fortement remise en cause. On assiste à une "desatisation" tout azimut des armoiries démocratiques. Ce qui nous amène à "requestionner " les enjeux majeurs de l'Etat de droit en démocratie par la remise en question du contrat social. Car toutes les libertés émanant de la démocratie basée sur le capitalisme néolibéral montrent drastiquement leurs limitent (confinement généralisé, chômage massif, fermetures obligatoires des écoles, interdiction de regroupement, port obligatoire de masques, récession économique,

---

[50] Fondateur et directeur de l'Institut de relations internationales et stratégiques,

couvre-feu, état d'urgence, gouvernance par décret). Le chaos des populations est a porté de main, faute d'une réaction de guerre économique, faillites, licenciements, factures impayées, surendettement généralisé s'enchaînent durablement à un rythme exponentiel. La France, une démocratie indéniable après la Chine, était confinée pendant deux mois et celui qui déroge à cette règle peut être lourdement sanctionné comme aux USA, en Russie, en Italie, en Espagne, en Angleterre, en Coré du Sud, au Kenya ou encore en Côte d'Ivoire. Surtout que ce modèle néolibéral considère le citoyen lambda comme un client et un consommateur qui doit assurer lui-même sa santé et non comme faisant partie d'une collectivité (Etat), qui a la charge-contrepartie de lui garantir un droit à une santé minimale. Que nous réserve donc l'avenir démocratique imposé aux pays Africains ? Jusqu'où accepteront-nous de donner accès à l'Etat de droit dans cette démocratie « dictatoriale » pour garantir notre liberté, notre santé ? Il s'agit à n'en point douter d'un débat de fond que toute société démocratique africaine ou non, doit traiter de façon ouverte et inclusive.

Pendant ce temps, La Frances, les USA et la grande Bretagne, ceux-là même qui se moquaient des chinois, accusent à présent la chine de ne pas avoir divulgué les informations relatives à la gravité de la pandémie. Même si l'origine de la crise est la Chine, il s'agit d'une pandémie mondiale qui épargne très peu de pays et les efforts devraient porter sur les réponses à apporter à ce fléau plutôt que d'en faire une occasion de lutte géopolitique contre la Chine, qui est devenue encore plus forte. Nous sommes en guerre avait dit Emmanuelle Macron. Mais cette fois-ci, contre un ennemi invisible. Le personnel médical a remplacé l'armée sur le terrain de bataille sanitaire. Il faudrait dans ce cas une réponse plus massive, plus rapide, plus coordonnée et implacable dans son application.

Dans un contexte de guerre économique, les bailleurs de fonds du système capitaliste en pleine désagrégation avancée ont perçu une collusion opportuniste non élaborée des aides médicales en provenance de la Russie, de la Chine et de Cuba, dans l'optique de frapper leur économie occidentale. Pour remédier très rapidement à cela, ils ont déployé leur armada d'aides internationales en

Europe s'étendant à l'ensemble des pays d'Afrique. Critiqué pour sa mauvaise gestion économique de la crise et afin de ne pas subir l'OPA faite sur l'OMS, le FMI en date du 18-04-2020 a décaissé une aide d'urgence de 18 milliards de dollars afin de venir rapidement en aide à plus de 17 pays pauvres en Afrique dans un premier temps. Bien avant cela, Emmanuel Macron qui s'est octroyé la largesse de parler et plaider comme ses prédécesseurs présidents français au nom de l'Afrique devant les pays du G20 : « *Nous devons aider l'Afrique* », a octroyé au nom de la France un milliard d'euros d'aide sanitaire à L'Afrique. Alors qu'il lui suffirait seulement de nous restituer nos énormes réserves financières détenues par obligation au trésor français pour solutionner nos maux. Dans le même temps, le FMI a allégé et non annulé le service de la dette au compte de 19 pays africains afin de leur permettre de réinjecter l'encours de leurs dettes respectives dans la lutte contre cette pandémie du siècle. Les occidentaux essayent dans un réveil tardif de rectifier le tir afin de ne pas perdre la main face à ce fléau qui menace tout leur système capitaliste dit démocratique. Comme on peut le voir, l'épidémie de la COVID19 vient percuter violemment le monde déjà embourbé dans un contexte géopolitique et financier international déjà désastreux et dont les effets immédiats se font fortement ressentir. Cependant, la Chine, épicentre de la crise qui a pu s'en sortir certes un peu affaiblie économiquement, revendique désormais, une victoire à la fois unipersonnelle, mais également collective du système politique chinois par rapport aux atermoiements, faiblesses et réveil tardif du bloc néolibéral. De facto, la crédibilité des Etats occidentaux face au mensonge pathologique sur l'utilisation de la chloroquine miracle du Docteur Raoul a disparu, exposant honteusement les canaux de communication pathologiques des adeptes du nouvel ordre mondial, tuant ainsi la fameuse mondialisation. Cette crédibilité s'est dissipée totalement avec la décision du président américain d'utiliser la solution miracle dudit docteur qui avait fait ses preuves en Chine, mettant en porte-à-faux le gouvernement français qui rechignait cette molécule avant de l'accepter ensuite. En réalité, cette molécule moins chère et accessible à tous ne rapporterait pas assez d'argent aux firmes pharmaceutiques. C'est pourquoi, l'on a vu cette réticence de certains gouvernements occidentaux à utiliser la chloroquine pour éradiquer la pandémie.

Alors que l'argent public n'existait pas, la majeure partie des pays occidentaux ont rendu d'énormes sommes disponibles comme par enchantement. De nombreuses restrictions budgétaires ont été entreprises suite au dépassement des capacités d'accueil sanitaire afin de faire face à cette pandémie dans bon nombre de pays. Des mesures historiques ont été prises par les banques centrales, nationales et sous-régionales. Ces derniers ont annoncé des plans de soutien aux entreprises majeures afin de contenir la débandade financière mondiale liée à la COVID19. A titre d'exemple, la Banque Centrale Européenne(BCE) a apporté une aide financière de 750 milliards d'euros en soutien aux entreprises souveraines européennes comme c'est aussi le cas en France avec des compagnies comme Air France. Même, si les besoins sont loin d'être suffisants, la morosité financière se poursuit comme une conséquence directe de la crise sanitaire. Cette dimension de la Covid19 sera certainement beaucoup plus longue et plus difficile à corriger, car les chocs économiques mettent du temps à se résorber. Aux USA, le président Trump a mobilisé un budget de 2000 milliards de dollars pour faire face à la crise économique provoquée par cette pandémie. Et fait historique, le 29 Mars 2020, il a profité pour prendre le contrôle de la réserve fédérale américaine désormais gérée par deux commis de l'Etat. Afin d'éviter un crash boursier, Trump a nationalisé des pans entiers de l'économie américaine en demandant au groupe d'investissement blackrock de racheter d'importantes sociétés pour le compte de la FED. En côte d'ivoire, en plus d'un soutien de 900 millions de dollars octroyé par le FMI, 95 milliards de Fcfa ont été mobilisés par le gouvernement pour faire face à la pandémie contre 100 milliards de FCfa au Mali avec suspension de facture d'eau et d'électricité, pour les foyers les plus démunis. Alors que le Soudan a décidé d'un confinement total de la population, le Maroc, quant à lui, appelle à une riposte panafricaine de la situation. Justement en guise de riposte, afin de limiter l'impact économique de cette crise sanitaire, un fonds de riposte et de solidarité, Force-Covid-19, avait été créé par le gouvernement sénégalais et doté de 1000 milliards de FCFA.

Suite aux mesures de confinement, Etats d'urgence, couvre-feux ici et là, à la privation de liberté remettant en question le contrat social à la fermeture des aéroports et à la cessation de circulation des personnes et marchandises, cette crise sanitaire s'avère être une grave crise du capitalisme néolibéral ralentissant drastiquement l'économie des principaux pays développés y compris les pays pauvres. Ce ralentissement de l'économie fortement ressenti en Europe et en Afrique suite à la dépendance industrielle vis-à-vis de la Chine, fait l'objet de débat public. Il est clair que l'Afrique de ce pas doit profiter de la pandémie de la COVID19 pour amorcer son industrialisation. Le confinement et la fermeture des frontières doit avoir un effet boomerang sur l'Afrique qui manque de la majeure partie des besoins élémentaires de survie. Pourtant pour lutter, il faut bien vivre. Même si la crise économiques et les conditions de vie empêchent le respect de la distanciation sociale pour les Africains, qui côtoient chaque jour la mort, le confinement devient une lutte pour la survie surtout que la COVID19 a montré que rester en santé en Afrique est un luxe qu'on ne peut se permettre.

X.2.3 : L'AFRIQUE, CENTRE DE GRAVITE DU JEU POLITICO-STRATEGIQUE DES PUISSANCES MONDIALES

L'Afrique est devenue par excellence, le nouvel eldorado du monde, un champ d'exploitation et d'expérimentation des enjeux politico-stratégiques des grandes puissances. Au-delà même des énormes enjeux économiques et de la lutte contre le terrorisme suscité à dessein, l'Afrique par ses ressources demeure actuellement le centre de gravité géostratégique de l'avenir de la planète. Le terrorisme et l'ingérence humanitaire en plus cette fois-ci de l'ingérence sanitaire liée à la COVID19 en sont les nouvelles portes d'entrée notamment grâce à la faiblesse des pays sahéliens et de nos institutions pourtant démocratiques.

L'effervescence des bases militaires étrangères un peu partout en Afrique inquiète non seulement les africains, mais également la France de plus en plus bousculée dans son pré-carré historique inconditionnel. Cependant, pendant que les forces militaires du G5 sahel sous les auspices de barkhanes tentent de neutraliser les terroristes et alors que l'ONU suite à la COVID19 avait appelé à une trêve, une cessation des armes partout en Afrique, une autre bataille bien plus importante se joue. Celle du positionnement géostratégique de la Chine et de la Russie et de certains pays émergents comme le Brésil, l'Inde etc.. Amplifiée ces derniers temps par la faillite du système capitaliste remettant en question les fonds baptismaux de la mondialisation effrénée qui absorbe toutes les ressources disponibles de la planète. Djibouti qui est un bastion français avait déjà connu l'installation d'une base militaire chinoise à un pas de la base du corps expéditionnaire américain du camp de Lemonnier. Bien réelle, l'ambition de la Russie moins présente dans le Sahel est de s'implanter fortement en Afrique dans des pays comme la Centrafrique, le Mozambique, la RDC, la Namibie ou dernièrement le Benin etc. Surtout qu'avec l'annexion de la Crimée, elle a perdu d'énormes contrats avec les pays européens en plus d'être sous sanctions américaines et européennes. La Russie se devait donc de trouver d'autres débouchés géostratégiques d'où son intéressement à l'Afrique qu'elle avait perdu depuis l'effondrement de l'Union soviétique. Le sommet Russie-Afrique de Sotchi a permis à la Russie après son succès de protection de l'Iran, de la Syrie et la Centrafrique de jauger l'ampleur des besoins des pays africains et de prendre désormais la pleine mesure de la place qui lui revient en devenant la nation protectrice, porteuse d'un nouvel espoir en tout respect des souverainetés des peuples. Afin de lutter contre le terrorisme transfrontalier, la Russie, les Usa et d'autres nations désormais se disputent le moindre espace des régions africaines. Il s'agit en réalité d'une véritable guerre d'influence géostratégique qui se joue entre les grandes puissances et pays émergents vis-à-vis de l'Afrique.

"*Le grand abattage*" planétaire programmé appelé abusivement pandémie de la COVID19, après les divers formes d'ingérence (lutte contre le terrorisme, droit de l'homme, guerre préventive) est la nouvelle forme d'ingérence dite « Ingérence sanitaire » afin de mettre en marche les instincts criminels des faiseurs de démocraties, ces théoriciens du complot pour réduire la population africaine. Selon une enquête réalisée par planète plus et présentée par l'ancien Catcheur et Gouverneur du Minnesota Jesse Ventura, le nouvel ordre mondial a mis en place depuis 1974 par le biais de l'ONU et l'OMS, un programme de dépopulation de la planète et cela à travers le système de santé. Comme le dit Alex Jones spécialiste en théorie du complot, c'est un programme qui contraindrait les gens à suivre un traitement médical (se faire vacciner) de gré ou de force. La mise en place de cette dictature médicale planétaire a pour but de réduire la population du monde (considérée comme des parasites) de l'ordre de 90% grâce aux effets secondaires des vaccins qui leurs assassineront progressivement (exécution médicale) en ce moment on parle de "mort douce". Selon le Docteur Rima Laibow, l'OMS considère que la population mondiale est en excès de 90%. Et que Cela réduit considérablement d'après les théoriciens du complot la répartition équitable des ressources naturelles et non renouvelables de la planète (ils considèrent que les ressources leurs appartiennent), alors que le gaspillage et des surconsommations excessives sont en pleine explosion. L'Assassinat planifiée des millions de personnes dans le monde et surtout en Afrique (certains morts ont été confirmés par les tests de ce nouveau vaccin), au nom du droit d'ingérence sanitaire, devient donc un moyen, une réaction de survie des mondialistes, qui par leurs prédations de ressources poussées et effrénées ont absorbé la majeure partie des ressources disponibles de la planète. Avec cette pandémie de la COVID19, le monde a compris enfin que les riches ne seront en sécurité que si les pauvres le sont aussi. C'est pourquoi, il est capital pour ces capitalistes dans le cadre de garantir leur propre survie de trouver une protection universelle en matière de système de santé couvrant riches et pauvres.

Parallèlement, la pandémie de la COVID19 suscitée à dessein, qui devait en principe être une occasion de chute pour la Chine, premier partenaire commercial de l'Afrique, lui a servi plutôt d'opportunités géostratégiques. Comme le dit le docteur Ryan de l'OMS : «*Le défi est grand, mais la réponse a été massive et le gouvernement chinois mérite un crédit énorme pour cette réponse et pour la transparence avec laquelle il a traité cela.* » Même si la pandémie a gagné une forte partie du monde dont 52 pays africains sur 54 à l'exception du Comores et du Lesotho encore épargnés, il n'en demeure pas moins que selon l'opinion internationale ce soit un fléau chinois. Mais, cette crise a eu l'avantage de consacrer la supériorité économico-commerciale de la grande Chine par rapport à ses concurrents internationaux avec en première ligne les USA, qui ont subi des milliers de perte en vie humaine accompagné d'une forte récession économique provoquant une historique crise économique mondiale.

Alors, pour contrer l'influence Chinoise en Afrique, les occidentaux ont développé un concept appelé « la malédiction de la dette » qui serait un piège des gouvernants chinois, afin de mettre l'Afrique sous coupe-réglée. Pourtant, contrairement à eux, la Chine respectueuse des souverainetés des Etats Africains tout comme la Russie ne s'impliquent pas dans nos politiques intérieures et n'imposent aucunes conditionnalités politiques en échange de leurs investissements en Afrique. Dans ces conditions, il est très clair que la Chine soit devenue surtout depuis le dernier sommet Chine-Afrique un partenaire significatif incontournable des Etas Africains. Si en 2008 ses échanges commerciaux avec l'Afrique avaient atteint 108 milliards de dollars, en 2013 elles représentaient 27% des exportations avec l'Afrique subsaharienne contre 23% pour l'UE et 21% pour les USA. En quelques temps, la Chine est devenue donc le premier débouché des exportations d'Afrique subsaharienne. En 2016, selon la banque mondiale, les échanges commerciaux avec nos partenaires historiques l'Europe au nom des accords de coopération UE-ACP étaient de 106 milliards de dollars contre 300 milliards de dollars avec les Chinois. Aussi, selon l'agence Ecofin, en 2019, les échanges commerciaux entre la Chine et l'Afrique ont atteint un taux record de 208,7 milliards $. En dépit des pressions occidentales, l'Afrique a quand même le droit plus par choix que par pression de diversifier ses investissements étrangers en se tournant vers des pays comme l'Inde, le Brésil, la Russie, les Usa et la Chine en toute souveraineté et la pandémie de la COVID19 nous donne grandement l'occasion de rompre définitivement avec des accords commerciaux caduques et biaisées, hérités de la colonisation. Comme on peut le voir l'Afrique est devenue le centre de gravité par excellence des enjeux géostratégiques des grandes puissances.

X3 : L'AFRIQUE FACE À SON DESTIN : N'AYONS PAS PEUR D'ETRE LIBRE

L'Afrique a désormais son destin en main, cependant l'homme africain agit comme quelqu'un qui est atteint du syndrome de Stockholm. Il a tellement été traumatisé par ses bourreaux que les séquelles font qu'il se découvre épris d'admiration pour son oppresseur. C'est en sens que certains africains peuvent affirmer que « *les blancs sont trop forts* ». En réalité, en Afrique nous ne sommes libres qu'en apparence alors que nous avons plus besoin de liberté que de démocratie. Toute tentative de liberté en Afrique se heurte à l'intransigeance des grandes puissances. Du coup la liberté en Afrique s'appréhende sous une double casquette. Il y a d'une part la liberté endogène propre aux peuples des pays africains et la liberté exogène vis-à-vis des donneurs de leçons au niveau international. Tous les deux types de libertés selon des principes importés dits démocratiques ont un trait commun. A savoir la protection des intérêts de nos bourreaux, qui pillent et dépouillent l'Afrique leur chasse gardée par excellence sous le regard impuissant des populations africaines anesthésiées, frappées du syndrome de Stockholm et de l'anéantissement des plus valeureux. Etre libre en Afrique selon l'occident se résume donc aux respects de la protection des intérêts des grandes puissances en Afrique. Au sommet de Socthi, fruit du nouveau départ de l'Afrique, Poutine a prouvé à chaque pays africain que l'indépendance vis-à-vis des institutions bancaires occidentales est désormais plus une question de choix que d'obligation. Il est plus qu'urgent que la croissance économique et le commerce interafricain s'accélèrent dans ce cadre de la pandémie de la COVID19, qui a montré les limites du système capitaliste en perte de vitesse. Toutes les mesures de confinement, de protection, de traque des Africains en Chine, et de fermetures des frontières ont eu l'avantage d'interpeller les consciences Africaines. C'est une chance pour l'Afrique qui doit faire preuve de génie en profitant pour arracher sa véritable souveraineté donc son indépendance totale et cela sur tous les plans. Cela nous interpelle tous en tant qu'africain et nous rappelle que seul l'union fait la force. Nous sommes condamnés à nous mettre ensemble, à fédérer nos forces pour être plus forts car c'est ensemble qu'on est fort. La COVID19 soulève en effet les interrogations du sentiment d'appartenance et le sens de la collectivité nationale et supranationale en mettant en exergue la protection sociale universelle à l'intérieur même de chaque Etat-nation. L'arrêt des unités de production en Chine et en Occident nous donne l'opportunité de créer véritablement le « *made in Africa* » par l'utilisation croissante des ressources propres à l'Afrique. Justement à propos du « made in Africa », le Président malgache qui nous montre la voie a tiré la sonnette d'alarme et mérite notre soutien indéfectible. Figurez-vous que les occidentaux sont tellement arrogants à l'égard du reste du monde à tel point que pour eux, tout ce qui vient du reste du monde en général et de l'Afrique en particulier n'est pas crédible. Après l'Apivirine du béninois Chidi Agon, testé avec succès sur des patients atteints de la COVID19 au Burkina Faso, mais retiré du marché sanitaire sous le diktat de l'OMS, voila que c'est au tour de cette potion miracle malgache dénommé Artemesia ou encore COVIDorganic de subir le courroux des comploteurs de l'OMS afin de satisfaire aux exigences de la mafia sanitaire des grandes firmes pharmaceutiques. On a assisté à un bras de fer opposant le gouvernement malgache qui a mobilisé son armé sous défiance et l'OMS, pour partager à sa population une tisane Bio à base d'Artemesia développée par L'IRMA[51] dont les tests cli-

---

[51] Institut malgache de recherches

niques ont été concluants. La mobilisation de toute l'Afrique par le biais des structures panafricaines à l'image la CICC[52] a permis au président Malgache de remporter la victoire. Dans la foulée, le président Felix Tshisekedi de la RDC a appelé les autres présidents Africains au nom de la solidarité panafricaine à saluer et à soutenir l'initiative du Président malgache tout en s'approvisionnant en Artemesia. Ce qui a été chose faite mettant l'OMS en porte-à-faux. C'est bien le moment pour l'Afrique d'avoir un sursaut d'orgueil souverain afin de dire « *non, ça suffit* ». L'Afrique aime tellement singer l'occident que même les mesures de protection face de la COVID19 sont importées. Pourtant de notre souveraineté sanitaire pourrait découler notre souveraineté totale. A vrai dire, nous sommes tous coupables car par notre manque de créativité et d'initiative, nous avons laissé tout comme l'occident, la Chine devenir l'épicentre de la production par excellence du monde globalisé. C'est pourquoi quand elle tousse, c'est toute la planète qui est « *coronatisée* »(contaminée). L'Afrique devra promouvoir des échanges inter-commerciaux entre les Etats Africains. Tout sera produit et commercialisé sur place. Cette crise a eu l'avantage de développer le savoir-faire opérationnel des africains par la création d'appareils respiratoires, de remèdes sanitaires tradi-modernes et autres. Tout comme Madagascar, nos gouvernements doivent prendre conscience des potentialités de l'intelligence africaine afin d'empêcher par une politique propre à nos états la fuite des cerveaux. Mais au lieu de se concentrer sur la mise en route des systèmes propres à l'Afrique, nos gouvernants sont préoccupés par l'annulation de nos dettes extérieurs et l'octroi de prêts colossaux pour endiguer la pandémie. En effet, pour obtenir un allègement maximum de cette dette dont le ratio de dette sur PIB est d'environ 108 %, le président en exercice de l'Union Africaine (UA), le Sud-Africain Cyril Ramaphosa a nommé quatre envoyés spéciaux auprès des puissances de ce monde. Tout est mis en place pour profiter au maximum des institutions de bretons woods, sans toute fois penser à la mise en place d'un véritable plan panafricain de sauve-

---

[52] Coalition Internationale contre le Corona virus

tage, qui sera capable de redonner la souveraineté aux Etats Africains. Quel dommage ! En réalité, derrière chaque annonce des bailleurs de fonds d'annulation des dettes extérieurs des états africains, comme c'est le cas actuellement avec le FMI, la banque Mondiale et Emmanuel Macron, se cachent d'énormes intérêts voilées identiques au cas des PPTE, qui ont contribué à accentuer la paupérisation galopante en Afrique tout en imposant un mode de gouvernance démocratique aux états africains. Pourtant, le moment est bien propice pour mettre fin aux accords dépassés de partenariats économiques (APE) en produisant, transformant et enfin en commercialisant désormais surplace en Afrique avec un vaste marché de consommateurs. En 2019, L'Union Africaine(UA) avait officiellement lancé la Zone de libre-échange du continent africain (ZLECA) qui devrait devenir la plus grande zone de libre-échange au monde en termes de nombre de pays, couvrant plus de 1, 3 milliards de personnes et un PIB total de 2.500 milliards de dollars. Cette pandémie de la COVID19 est une opportunité à saisir car elle jette défensivement les bases du lancement véritablement du libre-échange interafricain. Surtout qu'elle(COVID19) a montré les limites du système capitaliste, préoccupée plus par sa survie que de celle de ses partenaires africains, il est urgentissime de mettre fin a toutes sortes de partenariats hérités des indépendances factices qui ont ruiné les espoirs des Africains. Bien entendu que les échanges interafricains poseront un problème de monnaie et de convertibilité, la mise en place d'une monnaie à l'image de l'ECO gérer par une banque centrale supranationale au niveau interafricain est à portée de main avec la France qui sous la pression relâche petit a petit notre monnaie. Il faut que l'Afrique se libère de l'aide et de la gestion externe des devises africaines. Cette pandémie a eu le mérite de nous montrer nos insuffisances en équipements sanitaires et infrastructures. C'est pourquoi, il faudrait mettre tout en œuvre pour la construction d'hôpitaux de références en Afrique afin d'éviter les évacuations sanitaires couteuses vers l'Europe. Il faudrait créer absolument une économie numérique avec un vaste marché de 1,3 milliards de personnes. La pandémie de la COVID19 qui depuis le début du confinement a coute 69 milliards de dollars à l'Afrique, nous indique la voie à suivre et nous prouve que la démocratie émanant du système capitaliste n'a jamais fait preuve de développement durable en Afrique, car aucun pays africain n'a atteint depuis l'indépendance factice la prospérité et la stabilité politico-économique en toute souveraineté. Bien au contraire, cette démocratie importée est une nouvelle forme de dictature, comme on peut le constaté actuellement avec la confiscation des pseudos-libertés démocratiques des peuples soumis au confinement et a toutes sortes d'interdictions anti-démocratiques (couvre-feu, état d'urgence, port de masque, fermetures des frontières et aéroports, interdiction de regroupement, confinement obligatoire). En définitive, nous devons comprendre que la construction de l'Afrique ne pourra être que l'œuvre des Africains eux-mêmes en dehors de toute forme d'ingérence. C'est en cela que les propos du Ministre Ahoua Don Mello nous interpellent : « *Le partage continental de la souveraineté reste la condition du renforcement des souverainetés nationales... Pour contrer les résolutions des anciennes puissances coloniales, l'Afrique doit refuser toute résolution prise en son nom, sans son aval... Les bases militaires occidentales en Afrique doivent être rétrocédées à l'Union Africaine, qui peut centraliser toutes les contributions extérieures... Pour financer la supranationalité et le développement industriel, la remise en cause des contrats de partage des matières premières par une directive africaine s'impose... Emprunter la voie de la supranationalité pour bâtir une Afrique fédérée, reste l'unique voie pour éviter la division qui constitue la porte d'entrée des puissances occidentales, dans leur politique de réajustement de politique coloniale... *»

Il est clair aux yeux de tous que le chemin de la stabilité et de la souveraineté de l'Afrique doit passer nécessairement par une Afrique fédérée. Nous n'avons pas d'autres options de survie si ce n'est que construire l'Afrique, qui reste et demeure une tâche fondamentale pour tout Africain qui veut sortir des pièges de l'ingérence et assurer l'industrialisation de l'Afrique pour un développement souverain afin que tous puissions partager les fruits de la croissance. Pour se faire, elle doit adopter par le biais de la pandémie de la COVID-19, un plan de relance concerté, immédiat et massif, en créant un espace doté de potentialités et d'opportunités où tous les citoyens africains, quelles que soient leurs positions sociales, puissent librement participer à leur développement sans l'intervention d'aucune force extérieure. L'Afrique a le choix dès à présent de rester maitre de son destin ou esclave à jamais de son passé. L'avenir nous donnera certainement raison.

Fiers Africains ! C'est l'heure, mettons-nous debout pour la lutte finale car à chaque génération sa mission et la nôtre, il nous faut l'accomplir maintenant ou périr. N'ayons pas peur d'être libres.

REFÉRENCES BIBLIOGRAPHIQUES INDICATIVES

- Abou Diab Khattar. Bahgat Korany (dir.). Analyse des relations internationales. Approches, concepts et données. In: Politique étrangère, n°3 - 1988 - 53ᵉannée.

- Adedeji Adebayo. La situation économique de l'Afrique : vers une reprise, dans : Politique étrangère, n°3 - 1988 - 53ᵉannée.

- Afrique et Développement, Vol. 24, No. 3/4, Economie politique des conflits en Afrique (II) (1999).

- Ahoua Donmello, Côte d'Ivoire, sur la route de la souveraineté, Ed. Menaibuc, 2015.

- Antoine AYOUB, Article : « La démocratie est-elle nécessaire au développement économique? » UNIVERSITÉ LAVAL, CANADA, Septembre 2005.

- Anyang' Nyong'o Peter. Instabilité politique et perspectives de démocratie en Afrique. Dans: Politique étrangère, n°3 - 1988 -53eme année.

- Charles Onana, Cote d'Ivoire - le coup d'état, Edition Duboiris, Paris, 2012.

-Confidentiel défense, Port-Bouet, Ie 23 novembre 2005 N°233/COMANFORICABlCD-SF, En ligne : http://www.innercitypress.com/frdef1schori.pdf

- Dadzie Kenneth. La dépendance économique de l'Afrique vis-à-vis de l'exportation des produits de base. Dans Politique étrangère, n°3 - 1988 - 53ᵉ année. pp 647-666;

-Dambisa Moyo, l'Aide fatale, Ed. JC Lattès, 2009.

- DARBON D., R. NAKANABO DIALLO, O. PROVINI, S. SCHLIMMER (2019), "Un état de la littérature sur l'analyse des politiques publiques en Afrique", Papiers de Recherche AFD, n° 2019-98, Février.

-Document de capitalisation sur la gouvernance une contribution au débat sur la gouvernance en Afrique, Cahier n°200703, Addis Abeba 24 – 26 novembre 2005, En ligne : www.afrique-gouvernance.net

-Ellen Hodgson Brown, In the Web of Debt, 5 Edition 2012.

- Entretien avec Eric Denécé, Directeur du centre français sur le renseignement, article : "kadhafi a payé pour des régimes pas moins autoritaires que le sien" dans le jeune indépendant n° 4086 du samedi 22 octobre 2011.

-François Xavier Verschave, La Françafrique, le plus long scandale de la République,
 Paris,
 - Frédéric Gerschel et Nathalie Schuck, Ça reste entre nous, hein? Deux ans de confidences de Nicolas Sarkozy, Ed. Flammarion, Paris 2014.

- Hassen Kobbi et Jude Eggohb, l'instabilité politique et ses déterminants : un réexamen empirique, Laboratoire d'Economie d'Orléans (LEO), Université d'Orléans-France ; Groupe de Recherche Angevin en Economie et Management (GRANEM), Université d'Angers, France, 2015.

-http://www.ladocumentationfrancaise.fr/cartes/cartes-historiques/c000982-les-empires-coloniaux-en-1914

-https://www.courrierinternational.com/article/vu-de-guinee-avec-macron-la-francafrique-continue-bel-et-bien

-Jean-Pierre Colin et Jérôme Spinoza, L'AFRIQUE DANS LES RELATIONS INTERNATIONALES, Annuaire Français de relations Internationales, Vol XIII-2012.

-Justin Koné Katinan, ECONOMIE ET DÉVELOPPEMENT EN AFRIQUE, La contradiction principale, Collection : L'Afrique qui se bat, Ed. Harmattan, 2018.

-Jean Razafindravonona, Analyse du document stratégique de réduction de la pauvreté de Madagascar, 3-4 décembre 2003 AddisAbeba, Ethiopie

-Justin Koné Katinan, Idéologie, Conscience et combat politique en Afrique, Ed. Harmatan, Paris 2015.

- Keutcheu, Joseph, L'« ingérence démocratique » en Afrique comme institution, dispositif et scène. Études internationales, 2014, en ligne : https://doi.org/10.7202/1027554ar

- Kladoumadje NADJALDONGAR CELHTO, Atelier régional sur le Post-conflit et le Développement, Golf Hôtel Abidjan, Côte d'Ivoire 3 - 5 juin 2008.

- Laidi. Le déclassement international de l'Afrique. Dans: Politique étrangère, n°3 - 1988 - 53ᵉannée.
- Laurent Gbagbo. – Propositions pour gouverner la Côte d'Ivoire. Ed. L'Harmattan, Paris, 1989.

- Mahaman Tidjani Alou, Entre autonomie et dépendance : dynamiques des « policy transfers » en Afrique subsaharienne, ALTERNATIVES SUD, VOL. 19-2012.
- Marc AICARDI de Saint-paul, La politique africaine des Etats-Unis 2eme Edition, Ed. Economica, Paris 1987.
- Marc-Éric Gruenais et Jean Schmitz, L'Afrique des pouvoirs et la démocratie, Cahiers d'études africaines, 137, XXXV-1, Paris, 1995.

- Ndiaye Babacar. L'endettement extérieur de l'Afrique et les tentatives d'allégement. dans: Politique étrangère, n°3 - 1988 - 53ᵉannée. pp. 639-645;

-Nicolas Agbohou, Franc CFA et L'Euro contre l'Afrique, Ed. Solidarité Mondiale, 2008

- ONU, Conseil économique et social, Rapport de la conférence des ministres africains des finances, de la planification et du développement économique, Cinquante-deuxième session, 26 mars 2019.

- Politique étrangère de la France (bimestriel), parutions des années 1999 et 2000.

-L'Afrique est-elle si bien partie ? Sylvie Brunel octobre 2014).

-Laurent Gbagbo selon François Mattei, Pour la vérité et la justice, Côte d'Ivoire, révélation sur un scandale français, Ed. Du moment, 2016.

-Laurent Gbagbo, Côte d'Ivoire pour une alternative démocratique, Paris :L'Harmattan, 1983.

-Luc Sindjoum, L'Etat ailleurs. Entre noyau dur et case vide, Ed. Economica, 2002.

-Mamadou Gazibo, Introduction à la politique africaine, Les presses de l'université de Montreal, 2006.

-Marc Michel, « Au travers des archives Foccart. Les relations franco-africaines de 1958 à 1962 », Ed.Les Cahiers du Centre de Recherches Historiques-(EHESS) 30 Oct. 2002.

-Marie Yolande Hughes, La Côte d'Ivoire à l'épreuve de la démocratie, Edition Mary Bro Foundation, United Kingdom, 2017.

-MÉDARD J.-F., Autoritarismes et démocraties en Afrique noire, *Politique Africaine*, 1991.

-Njassep Mathieu et Nganya Flaubert, L'avenir nous donnera raison, témoignages recueillis par Astrid MACK-IT, Cameroun.

-ONU, Afrique renouveau, Aout-Novembre 2016, Vol.30 N°2.

-Pascal Chaigneau, Article : Les conséquences africaines du conflit lybien dans Le magazine du management stratégique, Janvier 2012.

-Philippe Braud, 2006 [8e édition ; 1re édition : 1992], *Sociologie politique*, Paris, LGDJ.

-René DUMONT, L'Afrique noire est mal partie, Edition du seuil, 1962.

-Rev. Dr DION Yayé Robert, Eburnie terre de grands espoirs, Edition OMCI, 2008.

-Romain-Philippe Ekanyé ASSOGBA, Le musée d'histoire de Ouidah - Découverte de la Cote des esclaves, Edition Saint Michel, 1990.

- René DUMONT et Marie-France MOTTIN, L'Afrique Etranglée, Edition du Seuil, 1980.

- Roland Adjovi, La Politique Africaine de La France, En Ligne Http://Www.Afri-Ct.Org/Wp-Content/Uploads/2006/03/Adjovi2001.Pdf

- Simonet Ngouéné, *Côte d'Ivoire. De l'éclipse et de l'apocalypse.* Éd. Jets d'Encre.Paris,2016.

- Survie, 5eme guerre pour un Empire, l'Intervention militaire française en Afrique 2011-2016, Paris 2017. https://survie.org/publications/brochures/article/cinq-guerres-pour-un-empire-5207

- Yao Assogba, Article : « Afrique noire: Démocratie, développement et mouvement associatif » 1998, Série Recherche no. 13.

2003.

TABLE DES MATIERES

www.ingramcontent.com/pod-product-compliance
Lightning Source LLC
Chambersburg PA
CBHW071423150726

48000CB00001B/455